정보의 지배

Infokratie: Digitalisierung und die Krise der Demokratie
by Byung-Chul Han

# 정보의 지배

## 디지털화와 민주주의의 위기

**한병철**

전대호 옮김

김영사

# 정보의 지배

## 디지털화와 민주주의의 위기

1판 1쇄 발행 2023. 2. 27.
1판 3쇄 발행 2023. 7. 7.

지은이 한병철
옮긴이 전대호

발행인 고세규
편집 임솜이 강영특 디자인 홍세연 마케팅 정희윤 홍보 장예림
발행처 김영사
등록 1979년 5월 17일 (제406-2003-036호)
주소 경기도 파주시 문발로 197(문발동) 우편번호 10881
전화 마케팅부 031)955-3100, 편집부 031)955-3200 팩스 031)955-3111

값은 뒤표지에 있습니다.

ISBN 978-89-349-5144-5 03100

홈페이지 www.gimmyoung.com 블로그 blog.naver.com/gybook
인스타그램 instagram.com/gimmyoung 이메일 bestbook@gimmyoung.com

좋은 독자가 좋은 책을 만듭니다.
김영사는 독자 여러분의 의견에 항상 귀 기울이고 있습니다.

# 차례

**일러두기**

원문의 강조를 위한 이탤릭은 고딕으로, '»«'는 큰따옴표로 표기했다.

정보체제

정보가, 그리고 알고리즘과 인공지능을 통한 정보의 가공이 사회적, 경제적, 정치적 과정들을 결정적으로 좌우하는 지배 형태를 일컬어 정보체제Informationsregime라고 한다. 규율체제Disziplinarregime에서와 달리, 정보체제에서는 **몸과 에너지**가 아니라 **정보와 데이터**가 착취된다. 권력 획득을 위해 결정적으로 중요한 것은 생산 수단의 소유가 아니라, 심리정치적 감시, 행동 조종, 행동 예측에 투입되는 정보에 접근하는 것이다. 정보체제는 정보자본주의와 맞물려 있으며, 정보자본주의는 감시자본주의로 발전하고, 사람들은 **데이터 가축**이자 **소비 가축**으로 격하된다.

규율체제는 산업자본주의의 지배 형태다. 그 체제 자체도 기계적 형태를 띤다. 모든 각자는 규율적 권력 기계 내부의 작은 톱니바퀴 하나다. 규율권력은 신경 경로들과 근육 섬유들에 침투하여 "무정형의 반죽, 쓸모없는 몸"을 "기계"로 만든다.[1] 규율권력은 "고분고분한Gelehrig" 몸을 제작한다. "고분고분한 몸이란 복종시킬 수 있는 몸, 착취할 수 있는 몸, 변형시키고 완전하게 만들 수 있는 몸이다."[2] 생산 기계로서의 고분고분한 몸은 **데이터와 정보의 보유자**가 아니라 **에너지의 보유자**다. 규율체제에서 사람들은 **노동 가축**으로 훈련된다.

소통과 연결망 형성에 주력하는 정보자본주의는 공간적 고립, 엄격한 노동 감독, 신체적 훈육 같은 규율 기술들을 구시대의 유물로 만든다. 순응성이나 복종성을 뜻하기도 하는 "고분고분함docilité"은 정보체제의 이상이 아니다. 정보체제의 예속된 주체는 고분고분하지도 않고 순종적이지도 않다. 오히려 그 주체는 자기가 **자유롭고 진정성 있고 창조적이라고** 망상한다. 그 주체는 **자기를 생산하고 자기를 공연한다**performen.

푸코가 논한 규율체제는 고립을 지배 수단으로 동원한

다. "고립은 완전한 예속의 첫째 조건이다."[3] 제각각 고립된 감방들이 설치된 파놉티콘은 규율체제의 상징이자 이상적 모습이다. 그러나 고립은 정보체제로 더는 전이되지 못한다. 정보체제는 다름 아니라 소통을 착취하기 때문이다. 정보체제에서 감시는 데이터를 통해 이루어진다. 규율적 파놉티콘의 고립된 수감자들은 데이터를 산출하지 않으며 데이터 흔적을 남기지 않는다. 그들은 **소통하지 않기** 때문이다.

생명정치적 규율권력의 표적은 몸이다. "자본주의 사회에서 무엇보다도 중요한 것은 생명정치, 생물학적인 것, 신체적인 것, 몸에 관한 것이다."[4] 생명정치 체제에서 몸은 생산 및 감시 기계 안에 끼워지고, 그 기계는 규율적 정형외과 기법을 통해 몸을 최적화한다. 반면에 정보체제는(푸코는 정보체제의 도래를 알아채지 못한 것이 틀림없다) **생명정치**를 이어가지 않는다. 이 체제의 관심은 몸에 있지 않다. 정보체제는 **심리정치**를 통해 **영혼**Psyche을 정복한다. 오늘날 몸은 무엇보다도 아름답게 꾸미기와 멋진 몸매 만들기의 대상이다. 적어도 서양의 정보자본주의에서 몸은 몸을 노동 기계로 길들이는 규율권력으로부터 대체로 해방되었다. 이제 뷰티 산업이 몸을 점령한다.

모든 지배체제는 제각각 고유한 **가시화 정책**을 수행한다. 절대권력Souveränität 체제에서는 화려한 권력 연출이 지배를 위해 본질적이다. 연극Schauspiel은 그 체제의 미디어다. 지배권은 연극적 **찬란함** 속에서 자신을 드러낸다. 그렇다, 바로 찬란함이 지배를 합법화한다. 예식과 권력의 상징들이 지배를 안정화한다. 대중적 작용력이 큰 안무按舞와 폭력의 도구들, 엄숙한 축제와 처벌 예식은 연극이자 스펙터클로서의 지배를 구성하는 부분들이다. 신체적 고문은 구경거리로 공개되어 대중적 작용력을 발휘한다. 집행인과 유죄 판결을 받은 자는 배우처럼 행동한다. 공론장은 일종의 무대다. 절대권력은 연극적 가시성을 통해 작용한다. 그 권력은 자기를 보여주고 알리고 자랑하고 내뿜는 권력이다. 반면에 절대권력이 활개 치는 장소에 속한 예속자들은 대체로 보이지 않는 채로 머무른다.

전근대적 절대권력 체제와 달리 근대적 규율체제는 연극 사회가 아니라 감시 사회다. 절대권력의 화려한 축제와 권력을 대단한 장관으로 보여주기는 볼거리로는 변변치 않은 감시 관료 조직에 밀려난다. 사람들은 "무대 위에 서열에 따라 배치되지 않"고, "파놉티콘 기계의 톱니

바퀴 장치" 안에 끼워진다.[5] 규율체제에서 가시성 관계는 완전히 뒤집힌다. 가시화되는 것은 지배하는 자들이 아니라 지배당하는 자들이다. 규율권력은 자기를 보이지 않게 만들면서 예속된 자들에게는 영속적인 가시성을 강제한다. 권력의 장악력이 확실히 유지되도록 예속자들은 집중 조명에 노출된다. "끊임없이 보여지기"가 규율되는 개인을 확실히 예속시킨다.[6]

규율적 파놉티콘의 효과는 수감자들이 항상 관찰당한다고 느끼는 것에 있다. 그들은 감시를 내면화한다. 규율권력에게는 "의식적이며 영속적인 가시可視 상태를 창출하는 것"이 필수적이다.[7] 조지 오웰이 지어낸 감시 국가에서 빅브라더는 끊임없는 가시성을 확보하기 위해 애쓴다. **빅브라더가 너를 지켜보고 있다.** 규율체제에서는 감금과 고립 같은 공간에 관한 조치들이 예속자들의 가시성을 보증한다. 예속자들에게 특정한 자리들이 배정되고, 그들은 그 자리를 떠나면 안 된다. 그들의 이동성은 심각하게 제한된다. 그리하여 그들은 파놉티콘의 장악력에서 벗어날 수 없다.

정보사회에서는 규율체제의 감금 환경이 용해되어 열

린 연결망으로 바뀐다. 정보체제에서는 다음과 같은 위상학적 원리들이 유효하다. 첫째, 불연속성이 연속성을 위하여 철거된다. 둘째, 폐쇄를 밀어내고 그 자리를 개방이 차지한다. 고립 감방들은 소통망들로 대체된다. 이제 가시성은 전혀 다른 방식으로, **고립을 통해서가 아니라 연결망 형성을 통해** 확보된다. 디지털 정보기술은 소통을 감시로 돌변시킨다. 우리가 더 많은 데이터를 산출할수록, 더 강렬하게 소통할수록, 감시는 더 효과적으로 이루어진다. 휴대전화는 감시장치이자 예속장치로서 자유와 소통을 착취한다. 더 나아가 정보체제에서 사람들은 자신들이 감시당하고 있지 않으며 자유롭다고 느낀다. 역설적이게도 바로 그 자유의 느낌이 지배를 확고히 한다. 이런 점에서 정보체제는 규율체제와 근본적으로 다르다. **자유와 감시가 하나로 합쳐지는 순간, 지배는 완성된다.**

정보체제는 어떤 규율적 강제도 없이 존속한다. 사람들은 파놉티콘의 가시성을 강제당하지 않는다. 도리어 그들은 어떤 외적인 강제도 없이 내면에서 우러난 욕구에 따라 스스로 발가벗는다. 사람들은 **자기를 생산한다**sich produzieren. 즉, 자기를 장면 안에 놓는다. '자기를 생산하다'에 해당하는 프랑스어 'se produire'는 **자기를 보이게 하**

**다**를 의미한다. 규율체제에서는 사람들에게 가시성이 강제되는 반면, 정보체제에서는 사람들이 **자발적으로** 가시성을 추구한다. 사람들은 자발적으로 집중 조명 안으로 들어가고, 심지어 들어가기를 열망한다. 반면에 규율적 파놉티콘의 수감자들은 집중 조명에서 벗어나려 한다.

정보체제의 가시화 정책을 일컬어 **투명성**이라고 한다. 투명성을 오로지 어떤 기관이나 인물의 개방적 정보 정책과 관련짓는 사람은 투명성의 작용 범위를 오판하는 것이다. 투명성은 **정보체제의 시스템적 강박**이다. 투명성 명령은 다음과 같다. **모든 것은 정보로써 앞에 놓여야 한다.** 투명성과 정보는 의미가 같다. 정보사회는 투명사회다. 투명성 명령은 정보들이 자유롭게 돌아다니게 한다. 정말로 자유로운 것은 사람들이 아니라 정보들이다. 정보사회의 역설은 **사람들이 정보 안에 갇힌다는 것**이다. 사람들은 소통하고 정보를 생산함으로써 자기를 사슬로 묶는다. **디지털 감옥은 투명하다.**

뉴욕에 있는 애플 플래그십스토어는 유리로 된 정육면체다. 그곳은 **투명성의 신전**이다. 가시화 정책에 비춰보면, 그 상점은 메카에 있는 카바Kabba의 건축학적 맞짝이다.

카바의 글자 그대로의 의미는 정육면체다. 촘촘하게 짠 검은 장막이 카바를 둘러싸 보이지 않게 한다. 오직 성직자들만 그 건물의 내부로 들어갈 수 있다. 어떤 가시성도 거부하는 **비밀**은 신정정치적theopolitisch 지배를 위해 본질적이다. 그리스 신전에서 보이지 않는 가장 깊은 내부를 일컬어 **아뒤톤**adyton(직역하면, 접근 불가능한 곳)이라고 한다. 오직 성직자들만 그 신성한 공간에 들어갈 수 있다. 여기에서 지배는 비밀에 기반을 둔다. 반면에 투명한 애플 플래그십스토어는 하루 24시간 내내 열려 있다. 지하층에는 점포가 차려져 있다. 누구나 고객으로서 건물 안에 들어갈 수 있다. 검은 장막에 둘러싸인 카바와 유리로 된 애플 플래그십스토어는 두 가지 지배 형태를 생생히 보여준다. 그 형태들은 **비밀과 투명성**이다.

애플의 유리 정육면체는 자유와 한계 없는 소통을 연상케 하지만 실은 **무자비한 정보의 지배**를 상징한다. 정보체제는 사람들을 철저히 투명하게 만든다. 하지만 그 지배 자체는 전혀 투명하지 않다. **투명한 지배**는 존재하지 않는다. 투명성은 가시성에서 벗어난 어떤 과정의 앞면이다. 투명성 자체는 투명하지 않다. 투명성은 뒷면을 지녔다. **투명성의 기관실은 어둡다.** 무슨 말이냐면, 우리는 알고리즘 블랙박스의 점점 더 커지는 권력에 우리 자신을 내맡기고 있다.

정보체제의 지배는 일상과 완전히 융합함으로써 자신을 은폐한다. 그 지배는 소셜미디어의 유쾌함과 검색엔진의 편리함, 음성 지원 장치의 편안한 목소리, 스마트 앱들의 눈치 빠른 친절함 뒤에 숨는다. 스마트폰은 알고 보면 효과적인 **정보원**이다. 그 정보원이 우리를 지속적으로 감시한다. 스마트홈은 주택 전체를 디지털 감옥으로 바꿔놓는다. 그 감옥은 우리의 일상생활을 꼼꼼하게 기록한다. 고된 청소의 부담을 덜어주는 스마트 로봇청소기는 주택 전체의 지도를 작성한다. 연결망을 이룬 센서들이 장착된 스마트 침대는 수면 중에도 감시를 이어간다. 감시가 **편리**의 탈을 쓰고 일상에 스며든다. 스마트한 안락 구역으로서의 디지털 감옥에서는 지배체제에 맞선 저항이 발생하지 않는다. '좋아요'가 모든 혁명을 몰아낸다.

정보자본주의는 신자유주의의 권력 기술을 터득한다. 규율체제의 권력 기술과 달리, 이 기술은 강제와 금지를 통해서가 아니라 **긍정적 자극**을 통해 작동한다. 신자유주의의 권력 기술은 자유를 억압하는 대신에 착취한다. 그 기술은 우리의 의지를 강압적으로 꺾는 대신에 무의식의 수준에서 조종한다. 억압적인 규율권력은 명령하지 않고 **속삭이며** 지휘하지 않고 **살짝 찌르는**nudge(미묘한 수단들로 **살살 몰아** 행동을 조종하는) 스마트 권력에 밀려난다. 푸코가 서술한 규율체제의 특징인 **감시와 처벌**은 **동기부여와 최적화**에 밀려난다. 신자유주의 정보체제에서 지배는 **자유**로, **소통**으로, **커뮤니티**로 나타난다.

유튜브와 인스타그램에서 활동하는 인플루언서들도 신자유주의 권력 기술을 내면화했다. 여행 분야, 뷰티 분야, 피트니스 분야를 막론하고 인플루언서들은 끊임없이 자유, 창조성, 진정성을 맹세한다. 그들이 자기 연출 안에 상품을 교묘히 끼워 넣어서 하는 광고는 거슬리게 느껴지지 않는다. 그래서 사람들은 특별히 인플루언서를 물색하고 갈망한다. 반면에 유튜브상의 통상적인 광고는 광고 차단 프로그램Ad-Blocker에 의해 제거된다. 인플루언서들은 모범으로서 숭배받는다. 그리하여 이 모든 사정이 종교적 차원을 획득한다. 동기부여 훈련자의 역할을 하는 인플루언서는 구원자로 행세한다. 팔로워는 신봉자로서 인플루언서의 삶에 참여한다. 즉, 팔로워는 인플루언서가 자신의 연출된 일상에서 스스로 소비한다고

하는 상품을 구매한다. 그렇게 팔로워는 **디지털 성찬식**에 참여한다. 소셜미디어는 교회와 같다. **좋아요는 아멘이다. 공유는 성찬식이다. 소비는 구원이다.** 인플루언서들의 드라마 작법인 반복은 따분함과 루틴으로 귀결되지 않는다. 오히려 반복은 전체에 **예배의 성격**을 부여한다. 동시에 인플루언서들은 소비상품을 자기실현의 도구로 느껴지게 만든다. 그리하여 우리는 우리 자신을 죽도록 실현하면서 죽도록 소비한다. 소비와 정체성이 하나로 합쳐진다. 정체성 자체가 하나의 상품이 된다.

우리는 자유롭다고 착각하지만, 우리의 삶은 심리정치적 행동 조종을 위해 모조리 기록된다. 신자유주의 정보체제에서는 늘 감시당한다는 의식이 아니라 **자유롭다는 느낌**이 권력의 작동을 보증한다. 빅브라더의 **건드릴 수 없는** 텔레스크린과 달리, 스마트 터치스크린은 모든 것을 처분 가능하고 소비 가능하게 만든다. 그렇게 스마트 터치스크린은 "손가락 끝 자유"[8]라는 환상을 만들어낸다. 정보체제에서 **자유롭기**는 **행위하기**가 아니라 클릭하기, 좋아요 누르기, 게시물 올리기를 뜻한다. 따라서 정보체제는 거의 저항에 직면하지 않는다. 그 체제는 혁명을 두려워할 필요가 없다. 손가락은 강한 의미의 행위*Hand*lung(행위

Handlung는 손가락Finger이 아니라 손Hand과 직결된다—옮긴이)를 할 능력이 없다. 손가락은 한낱 **소비주의적 선택을 위한 기관**이다. 소비와 혁명은 서로를 배제한다.

세속적인 정치적 종교로서의 고전적 전체주의의 주요 특징 하나는 "총체적 세계 설명"으로 자부하는 이데올로기다. **이야기**로서의 이데올로기는 "역사적으로 일어나는 모든 사건에 대한 총체적 설명, 더 정확히 말해서 과거에 대한 총체적 설명, 현재에 대한 해박한 지식, 미래에 대한 신뢰할 만한 예견"[9]을 약속한다. 총체적 세계 설명으로서의 이데올로기는 모든 우연 경험을, 모든 불확실성을 제거한다.

정보체제는 특유의 데이터주의를 통해 전체주의적 특징들을 드러낸다. 데이터주의는 전지全知, Totalwissen를 추구한다. 그러나 데이터주의적 전지는 이데올로기적 **이야기**를 통해서가 아니라 알고리즘적 **계산**을 통해 달성된다. 데이터주의는 존재하는 모든 것과 존재할 모든 것을 **계산해내고자** 한다. 빅데이터는 **이야기하지** 않는다. 이야기는 알고리즘적 계산에 밀려난다. 정보체제는 이야기를 깡그리 숫자로 대체한다. 알고리즘이 아무리 지능이 높더라도, 알고리즘은 이데올로기적 이야기만큼 효과적으로 우연 경험을 제거하지 못한다.

전체주의는 우리의 다섯 가지 감각에 **주어진** 실재와 결별한다. 전체주의는 **주어진 것**의 배후에 놓인 **더 참된** 실재를 구성하며, 그 실재는 여섯 번째 감각을 필요하게 만든다. 반면에 데이터주의에서는 여섯 번째 감각이 필요 없다. 데이터주의는 **주어진 것의 내재성**을—곧 **데이터**를—초월하지 않는다. 라틴어 'datum'은 'dare'(주다)에서 파생되었으며 문자 그대로 **주어진 것**을 뜻한다. 데이터주의는 주어진 것의 배후, 곧 데이터의 배후에 놓인 다른 실재를 상상하지 않는다. 왜냐하면 데이터주의는 **이데올로기 없는 전체주의**이기 때문이다.

전체주의는 한 명의 지도자에게 굴복하는 순종적인 군중Masse을 만들어낸다. 이데올로기는 군중에게 생기를 불어넣는다. 이데올로기는 군중에게 **영혼**을 불어넣는다. 실제로 귀스타브 르봉은《군중심리》에서, 군중의 행위를 통일하는 군중 영혼을 언급한다. 반면에 정보체제는 사람들을 **개별화한다**. 설령 모이더라도 사람들은 군중을 이루지 못하고 디지털 떼거리digitale Schwärme들을 이룬다.

디지털 떼거리들은 **한 명의 지도자**가 아니라 떼거리마다 고유한 **인플루언서들**을 따른다.

전자공학적 미디어는 군중 인간Massenmensch을 산출한다는 의미에서 군중 미디어(대중매체)Massenmedium다. "군중 인간은 지구의 전자공학적 거주자이며 다른 모든 인간과 연결되어 있다. 마치 지구라는 스포츠 경기장 안의 관중처럼 말이다."[10] 군중 인간은 정체성이 없다. 그는 "아무도 아닌 자Niemand"이다. 디지털 미디어는 군중 인간의 시대를 끝맺는다. 디지털화된 지구의 거주자는 "아무도 아닌 자"가 아니다. 오히려 그는 **프로필을 가진 누군가**다. 군중의 시대에는 오직 범죄자들만 프로필을 가졌었지만 말이다. 정보체제는 개별자들의 **행동 프로필**을 작성함으로써 개별자들을 장악한다.

발터 벤야민에 따르면, 영화 카메라는 특별한 형태의 무의식에 접근할 길을 열어준다. 그는 그 무의식을 "광학적 무의식das Optisch-Unbewußte"이라고 부른다. 클로즈업이나 느린 화면은 맨눈으로는 볼 수 없는 미세한 운동과 행위를 가시화할 것이다. 그 기법들은 무의식적 공간을 드러낼 것이다. "우리는 그것[카메라]을 통해 비로소 광학적 무의식을 경험한다. 이는 정신분석을 통해 충동적 무의식das Triebhaft-Unbewußte을 경험하는 것과 마찬가지다."[11] 광학적 무의식에 관한 벤야민의 생각을 정보체제에 적용할 수 있다. 빅데이터와 인공지능은 **디지털 돋보기**라고 할 만하다. 그 돋보기는 의식적 행위 공간 배후의, 행위자 본인에게 은폐된 무의식을 열어놓는다. 광학적 무의식에 빗대어 그 무의식을 **디지털 무의식**이라고 부를 수 있을 것이다. 빅데이터와 인공지능은 정보체제가 의식의 문턱보다 낮은 수준에서 우리의 행위에 영향을 미칠 수 있게 해준다. 그리하여 정보체제는 의식적 행위에 선행하는 선반성적, 충동적, 감정적 행동 층들을 장악한다. 데이터에 의해 추진되는 정보체제의 심리정치는 우리가 의식하지 못하는 방식으로 우리의 행동에 개입한다.

모든 결정적인 미디어 교체는 새로운 체제를 낳는다. **미디어는 지배권이다.** 전자공학 혁명 앞에서 카를 슈미트는 주권에 관한 자신의 유명한 정의를 수정하지 않을 수 없다고 판단했다. "제1차 세계대전 후에 나는 이렇게 말했다. '주권자는 비상사태를 결정할 수 있는 자다.' 제2차 세계대전이 끝나고 나의 죽음이 다가온 지금 나는 이렇게 말한다. '주권자는 공간의 파동들에 대한 처분권을 가진 자다.'"[12] 디지털 미디어는 정보의 지배를 산출한다. 파동들은, 전자공학적 군중 미디어는 중요성을 상실한다. 권력 획득을 위해 결정적인 것은 이제 정보 소유다. 군중 미디어를 통한 선전이 아니라 정보가 지배를 확고히 한다. 디지털 혁명을 보았다면 슈미트는 주권에 대한 정의를 다음과 같이 재차 수정하려 했을 것이다. **주권자는 망 내부의 정보들에 대한 처분권을 지닌 자다.**

인포크라시

생활세계의 디지털화가 거침없이 진행되고 있다. 이 변화는 우리의 지각, 우리가 세계와 맺는 관계, 우리의 공동생활을 근본적으로 바꿔놓고 있다. 우리는 소통과 정보에 도취하여 혼미한 상태다. 정보의 쓰나미가 파괴적인 힘을 발휘한다. 어느새 그 쓰나미는 정치 분야마저 덮쳐 민주주의 과정에 막대한 혼란과 장애를 유발한다. 민주주의가 **인포크라시**Infokratie로 변질하고 있다.

민주주의의 시작에서 결정적인 미디어는 책이다. 책이 계몽의 합리적 담론을 확립한다. 민주주의에 본질적인 담론적diskursiv 공론장은 합리적으로 숙고하는 독서 대중Publikum 덕분에 발생한다. 《공론장의 구조변동》에서 하버마스는 책과 민주주의적 공론장 사이의 밀접한 관련성을 지적한다. "주로 도시 거주자와 부르주아로 이루어져 있으며 지식인 집단에 국한되지 않은 일반 독서 대중이 생겨나면서 […] 말하자면 사적 영역의 한가운데에서 비교적 촘촘한 공적 소통의 망이 발생한다."[13] 책 출판이 없었다면 이성을 사용하고 숙고를 사용하는 계몽도 있을 수 없었을 것이다. 책 문화에서 담론은 논리적 정합성을 띤다. "책 출판이 결정적인 역할을 하는 문화에서 공적인 담론의 특징은 대체로 사실들과 생각들을 정합적이며 규칙에 맞게 배열하는 것이다."[14]

책 문화의 영향을 강하게 받은 19세기의 정치적 담론은 길이와 복잡성이 지금과 전혀 달랐다. 공화당의 에이브러햄 링컨과 민주당의 스티븐 더글러스가 벌인 유명한 공적 논쟁을 아주 생생한 예로 들 수 있다. 1854년에 이루어진 한 연설 대결에서 먼저 나선 더글러스는 세 시간 동안 연설했다. 이에 대응하여 링컨도 세 시간을 사용했다. 링컨의 응답 연설 후에 더글러스는 다시 한 시간 동안 연설했다. 두 연설자는 복잡한 정치적 사정들을 때로는 매우 까다로운 문장으로 설명했다. 청중의 집중력도 엄청나게 높았다. 더구나 공적 담론에 참여하는 것은 당시 사람들에게 사회생활의 확고한 일부였다.

전자공학적 군중 미디어는 책 문화가 빚어낸 합리적 담론을 파괴한다. 그 미디어는 **미디어크라시**Mediokratie(미디어의 지배)를 창출한다. 그 미디어는 특수한 구조를 지녔다. 전자공학적 군중 미디어의 원형극장식 정보 전달 구조 때문에 수신자들은 수동적으로 머무를 수밖에 없다. 하버마스는 민주주의적 공론장이 쇠퇴한 것이 군중 미디어 탓이라고 본다. 독서 대중과 달리 텔레비전 시청 대중은 성숙한 사람의 독립성을 상실할 위험에 노출되어 있다는 것이다. "새로운 미디어들이 송출하는 프로그램들은 […] 특이하게도 수신자의 반응을 잘라낸다. 그 미디어들은 대중을 시청자로 사로잡음과 동시에 대중에게서 거리를 두는 '성숙함'을, 곧 말하고 반론할 기회를 앗아간다. 독서 대중의 숙고는 소비자들의 '취향 및 성향 교환'에 밀려나곤 한다. […] 군중 미디어를 통해 산출된 세계는 겉보기에만 공론장일 뿐이다."[15]

미디어크라시에서는 정치도 군중 미디어의 논리에 굴복한다. 재미가 정치적 내용의 전달을 좌우하고 합리성을 갉아먹는다. 미국 미디어이론가 닐 포스트먼은 《죽도록 즐기기》에서 어떻게 인포테인먼트Infotainment가 인간적 판단력의 쇠퇴를 가져오고 민주주의를 위기에 빠뜨리는지 보여준다. 민주주의가 **텔레크라시**Telekratie(텔레비전의 지배)로 바뀐다. 오락은 최상위 명령이다. 정치마저 그 명령에 굴종한다. "인식과 지각을 위한 노력을 밀어내고 그 자리에 기분 전환 사업이 들어선다. 이에 따른 결과는 인간적 판단력의 급속한 쇠퇴다. 그 쇠퇴는 오해의 여지가 없는 위협이다. 판단력의 쇠퇴는 인간을 미성숙하게 만들거나 미성숙을 확고히 한다. 또한 그 쇠퇴는 민주주의의 사회적 토대를 침식한다. 우리는 죽도록 즐긴다."[16] 뉴스가 소설과 비슷해진다. 허구와 실재의 구별이 흐릿해진다. 하버마스도 담론에 파괴적 영향을 미치는 인포테인먼트를 언급한다. "뉴스와 리포트, 심지어 입장 표명마저 오락 문학의 도구들을 장착한다."[17]

미디어크라시는 **씨어터크라시**Theatrokratie(극장의 지배)이기도 하다. 정치는 군중 미디어 연출에 소진된다. 미디어크라시의 전성기에 배우 로널드 레이건은 미국 대통령에 당선되었다. 이제 맞수들의 텔레비전 논쟁에서 관건은 논증이 아니라 **공연**이다. 대통령 후보의 연설 시간도 대폭 단축된다. 연설 스타일도 변화한다. 자기 연출이 더 우수한 사람이 선거에서 이긴다. 담론은 쇼와 광고로 전락한다. 정치적 내용의 역할은 점점 더 줄어든다. 그리하여 정치는 실체를 깡그리 상실하고 속이 텅 빈 텔레크라시 이미지 정치가 된다.

텔레비전은 담론을 파편화한다. 인쇄 미디어조차도 텔레비전에 적합하게 변화한다. "텔레비전 시대에 인쇄 미디어 뉴스의 기본단위는 단신短信이 된다. […] 한 문장으로 된 뉴스들 가운데 가장 우수한 것에 상을 주는 날이 오기까지 오랜 시간이 걸릴 리 없다."[18] 본래 합리적이고 복잡한 언어를 전달하기에 적합한 라디오도 이 와해 과정 앞에서 무사하지 못하다. 라디오의 언어에서도 파편성과 불연속성이 증가한다. 더구나 라디오는 음악 산업에 점령당한다. 라디오 언어가 추구하는 바는 "내장內臟의 반응을 일으키는 것"[19]이다. 라디오 언어는 록 음악의 언어적 짝꿍으로 진화한다.

지배의 역사는 다양한 화면의 지배로 서술될 수 있다. 플라톤은 동굴의 비유에서 원시적인 화면을 묘사한다. 동굴은 극장처럼 생겼다. 마술사들은 동굴에 갇힌 수인囚人들의 등 뒤에서 대상들과 모양들을 들고 지나가고, 불빛 때문에 그것들의 그림자가 동굴 벽에 드리운다. 그렇게 마술사들이 "술수Kunststücke"를 부린다. 어릴 적부터 목과 다리가 사슬에 묶인 채 꼼짝없이 그림자를 응시하는 수인들은 그것을 유일한 실재로 여긴다. 플라톤의 원시적인 화면은 **신화의 지배**를 보여주는 예다.

오웰의 전체주의적 감시국가에서는 "텔레스크린"이라는 화면이 핵심 역할을 한다. 그 화면에는 끊임없이 선전 프로그램들이 상영된다. 그리고 그 앞에서 군중은 집단적 흥분 상태로 구호를 합창하며 복종 예식을 거행한다. 사적인 거처에 설치된 텔레스크린은 감도가 매우 높은 마이크를 갖춘 감시 카메라의 기능도 한다. 아무리 작은 소음도 빠짐없이 그 장치에 녹음된다. 사람들은 자신이 사상경찰에 의해 항상 감시당한다는 사실을 전제하고 살아간다. 텔레스크린은 꺼지지 않는다. 그것은 생명정치적 규율 장치이기도 하다. 날마다 텔레스크린에서 아침 체조가 나온다. 그 체조는 고분고분한 몸들을 생산하는 데 기여한다.

빅브라더의 감시 화면은 텔레크라시에서 텔레비전 화면으로 대체된다. 사람들은 감시당하는 대신에 재미있어 한다. 그들은 억압당하는 대신에 중독된다. 사상경찰과 진실부ministry of truth는 쓸모없어진다. 고통과 고문이 아니라 재미와 즐거움이 지배 수단으로 동원된다. "헉슬리는 이렇게 말을 잇는다. '《1984》에서는 사람들에게 고통을 줌으로써 사람들을 통제한다. 《멋진 신세계》에서는 사람들에게 즐거움을 줌으로써 사람들을 통제한다.' 요컨대 오웰은 우리가 몹시 싫어하는 것이 우리를 몰락시킬 것을 두려워했고, 헉슬리는 우리가 몹시 좋아하는 것이 우리를 몰락시킬 것을 두려워했다."[20]

헉슬리의 멋진 신세계는 오웰의 감시국가보다 여러모로 우리의 현재에 더 가깝다. 멋진 신세계는 **진통사회** Palliativgesellschaft다. 거기에서 고통은 기피된다. 강렬한 감정들도 억압된다. 모든 바람, 모든 욕구는 곧바로 충족되어야 한다. 사람들은 재미, 소비, 즐거움에 휩싸여 몽롱해진다. 행복을 향한 강박이 삶을 지배한다. 국가는 주민들의 행복감을 높이기 위해 "소마Soma"라는 약을 나눠준다. 헉슬리의 멋진 신세계에는 텔레스크린 대신에 "감각 영화관Fühlkino"(원어는 '필리스feelies'—옮긴이)이 있다. 그 영화관은 "향기 오르간" 등을 써서 온몸으로 느끼는 체험을 제공함으로써 사람들을 마비시킨다. 감각 영화관은 소마와 더불어 지배 수단으로 동원된다.

텔레스크린과 텔레비전 화면은 오늘날 터치스크린으로 교체된다. 새로운 예속 매체는 스마트폰이다. 정보체제에서 사람들은 오락에 순종하는 수동적 시청자가 더는 아니다. 모든 사람이 능동적 송신자다. 모든 사람이 항상 정보를 생산하고 소비한다. 이제 중독적이고 강박적인 형태마저 띤 소통 도취가 사람들을 새로운 미성숙 상태에 가둔다. 정보체제의 예속 구호는 이러하다. **우리는 죽도록 소통한다.**

하버마스의 《공론장의 구조변동》(1962)은 시대의 한계 탓에 단지 전자공학적 군중 미디어만 안다. 오늘날 공론장은 디지털 미디어로 인해 근본적인 구조변동을 겪고 있다. 따라서 하버마스의 《공론장의 구조변동》을 근본적으로 개정할 필요가 있다. 디지털 미디어 시대에 담론적 공론장을 위협하는 것은 군중 미디어의 오락성 혹은 **인포테인먼트**가 아니라 무엇보다도 정보의 바이러스적viral 확산과 증식, 곧 **인포데믹**(정보대유행)infodemic이다.[21] 더구나 디지털 미디어에는 공론장을 파편화하는 원심력이 내재한다. 군중 미디어의 원형극장 구조는 디지털 미디어의 중심 없는 **뿌리줄기**Rhizom **구조**에 밀려난다. 공론장은 사적 공간들로 파열한다. 그리하여 우리의 주의注意는 사회 전체에 관한 주제들을 향하지 않는다.

인포크라시에 대한, 정보체제하 민주주의의 위기에 대한 더 깊은 이해에 도달하기 위해서는 정보를 다루는 현상학이 반드시 필요하다. 민주주의의 위기는 이미 인지 수준에서 시작된다. 정보는 현재성을 띠는 기간이 아주 짧다. 정보는 **시간적 안정성**이 없다. 왜냐하면 정보는 "놀라운 일이 주는 흥분"[22]을 먹고 살기 때문이다. 이런 시간적 불안정성 때문에 정보는 지각을 파편화한다. 정보는 실재를 "영원한 현재성의 현기증"[23] 속으로 처넣는다. 정보 곁에 **하염없이 머무르기**는 불가능하다. 따라서 정보는 인지 시스템을 동요시킨다. 정보에 내재하는 가속 강박은 **앎, 경험, 깨달음** 같은 시간 집약적 인지 실행들을 몰아낸다.

정보는 현재성을 띠는 기간이 짧기 때문에 시간을 원자화한다. 시간은 파열하여 한낱 현재 점들의 계열이 된다. 이런 면에서 정보는 시간적 연속성을 창출하는 이야기와 다르다. 시간은 오늘날 모든 수준에서 잘게 토막 나 있다. 삶뿐 아니라 지각도 안정화하는 **밑바탕의 시간건축물들**Tragende Zeit-Architekturen은 현저히 침식되고 있다. 정보사회의 일반적 **단기성**短期性은 민주주의에 이롭지 않다. 담론에는 가속되고 파편화된 소통과 조화될 수 없는 시간성이 깃들어 있다. 담론은 시간 집약적 실행이다.

합리성도 시간 집약적이다. 합리적 결정은 장기적으로 구상된다. 순간을 넘어서 과거와 미래로 뻗어나가는 숙고가 합리적 결정에 선행한다. 이 같은 시간적 뻗어나감이 합리성의 특징이다. 정보사회에서 우리는 합리적으로 행위할 시간이 전혀 없다. 가속된 소통을 향한 강박이 우리에게서 **합리성**을 앗아간다. 시간 압박 아래에서 우리는 어쩔 수 없이 **지능**을 선택한다. 지능은 전혀 다른 시간성을 지녔다. 지능적 행위는 **단기적 해결과 성과**를 지향한다. 루만은 다음과 같이 옳게 지적한다. "정보사회에서는 합리적 행동을 더는 거론할 수 없으며 기껏해야 지능적 행동만 거론할 수 있다."[24]

오늘날 담론적 합리성을 위협하는 또 하나의 요인은 흥분 소통이다. 우리는 신속하게 잇따르는 정보들이 우리 자신을 **흥분시키는** 것을 과도하게 허용한다. 흥분은 합리성보다 빠르다. 흥분 소통에서는 더 나은 논증이 아니라 더 큰 흥분을 유발할 수 있는 정보가 관철된다. 그렇기 때문에 가짜뉴스는 사실보다 더 많이 주목받는다. 가짜뉴스나 맥락에서 떨어져나온 정보 파편을 담은 단 한 건의 트윗이 근거가 확실한 논증보다 더 큰 영향력을 발휘할 수도 있다.

최초의 트위터 대통령인 트럼프는 자신의 정치를 트윗들로 잘게 분할한다. 그의 정치를 규정하는 것은 비전들이 아니라 바이러스 같은 정보들이다. 인포크라시는 성과 중심의 도구적 행위를 부추긴다. 기회주의가 확산된다. 미국의 여성 수학자 캐시 오닐은 트럼프가 오로지 대중의 반응만 기준으로 삼는 완벽한 기회주의적 알고리즘처럼 행위한다고 옳게 지적한다. 시간적으로 안정한 신념이나 원칙은 **단기적 권력 효과**를 위해 희생된다.

심리기록법Psychografie이라고도 하는 심리측정법Psychometrie은 데이터에 기초하여 성격 프로필을 작성하는 기법이다. 심리측정법으로 프로필을 작성하면 해당 인물의 행동을 친구나 파트너보다 더 잘 예측할 수 있다. 데이터가 충분히 많으면, 심지어 우리가 우리 자신에 관하여 안다고 믿는 바를 넘어선 정보들도 생산할 수 있다. 스마트폰은 심리측정용 기록장치다. 우리는 그 장치에 매일, 아니 매시간 데이터를 공급한다. 스마트폰을 확보하면 그 스마트폰 사용자의 성격을 정확히 계산해낼 수 있다. 규율체제는 단지 **인구학적** 정보만 사용할 수 있었고, 그 정보는 **생명정치**를 가능케 했다. 반면에 정보체제는 **심리측정** 정보들을 입수할 수 있고, 그 정보는 **심리정치**에 투입된다.

심리측정법은 심리정치적 마케팅에 더없이 적합한 도구다. 이른바 마이크로타기팅microtargeting은 심리측정 프로필을 이용한다. 유권자들의 심리기록에 기초하여 개인 맞춤형 광고가 소셜미디어에 노출된다. 선거 행동은 소비 행동처럼 무의식적 수준에서 조작된다. 데이터가 주도하는 인포크라시는 자율과 의지의 자유를 전제하는 민주주의적 선거의 토대를 갉아먹는다. 영국 데이터 회사 케임브리지 애널리티카는 모든 성인 미국 시민의 심리기록을 보유하고 있다고 자랑한다. 2016년 미국 대통령 선거에서 도널드 트럼프가 승리하자 그 회사는 자랑스럽게 다음과 같이 공표했다. "우리의 혁명적인 데이터 주도 소통의 첫걸음이 대통령으로 당선된 도널드 트럼프의 이례적인 승리에 이토록 결정적인 역할을 한 것을 보며 우리는 그야말로 감격한다."

마이크로타기팅에서 유권자는 정당의 정치 프로그램을 교육받지 않는다. 오히려 조작을 위해 유권자의 심리 기록에 맞춰 제작한 선거 광고가—드물지 않게 가짜뉴스가—그에게 슬며시 전달된다. 선거 광고 한 번을 위해 수많은 버전이 효율성 검사를 거친다. 그렇게 심리측정법을 통해 최적화된 **암흑 광고**Dark Ads는 민주주의를 위협한다. 유권자들은 제각각 다른 뉴스를 전달받고, 이를 통해 공론장은 파편화된다. 집단마다 다른 정보를 전달받으며, 그 정보들은 서로 모순되는 경우도 드물지 않다. 시민들은 중요한 사회적 주제들에 민감하지 않게 된다. 오히려 그들은 미성숙하며 조작 가능한 **투표 가축**으로 전락한다. 투표 가축은 정치인들의 권력을 확고히 해야 한다. 암흑 광고는 사회의 분열과 양극화를 부추기고 담론 분위기에 독물을 뿌린다. 게다가 암흑 광고는 공론장에서 눈에 띄지 않는다. 그렇게 암흑 광고는 민주주의의 근본 원리 하나를 무너뜨린다. 그 근본원리는 **사회의 자기관찰**內省이다.

이제는 인터넷에 접속할 수 있는 모든 사람 각각이 고유한 정보 통로들을 건설한다. 디지털 정보기술은 정보 생산 비용을 거의 0으로 낮춘다. 몇 번만 손을 놀리면 트위터 계정이나 유튜브 채널을 무료로 신속하게 마련할 수 있다. 반면에 군중 미디어 시대에 정보 생산비는 비교할 수 없을 만큼 높다. 그리고 뉴스 채널을 구축하려면 아주 많은 돈이 든다. 따라서 군중 미디어 사회에는 가짜뉴스 대량생산을 위한 기반 시설이 존재하지 않는다. 텔레비전은 가상의 나라일망정 가짜뉴스 공장은 아직 아니다. 텔레크라시로서의 미디어크라시는 가짜뉴스와 거짓 정보 유통이 아니라 쇼와 재미에 기반을 둔다. 인포크라시가 민주주의를 물리칠 구조적 전제는 디지털 연결망 형성을 통해 비로소 갖춰진다.

미디어크라시는 선거전을 군중 미디어 **연출 전쟁**으로 격하한다. 담론은 대중적 영향력이 큰 쇼로 대체된다. 미디어크라시의 주요 미디어인 텔레비전은 정치적 무대의 역할을 한다. 반면에 인포크라시에서 선거전은 **정보 전쟁**으로 변질한다. 트위터는 **미디어크라시적 무대**가 아니라 **인포크라시적 격투장**이다. 트럼프에게 관건은 좋은 공연을 제공하는 것이 아니다. 오히려 그는 무자비한 정보 전쟁을 수행한다.

정보 전쟁에는 오늘날 생각해낼 수 있는 모든 기술적 심리적 수단이 동원된다. 미국과 캐나다에서 유권자들은 로봇의 전화를 받고 가짜뉴스의 홍수에 잠긴다. 트롤troll(인터넷 토론방에서 남들의 화를 부추기는 사람—옮긴이) 군단이 의도적으로 가짜뉴스와 음모론을 퍼뜨려 선거전에 개입한다. 소셜 봇, 곧 소셜미디어상의 자동화된 가짜 계정은 진짜 인간인 척하면서 게시물을 올리고 트윗하고 공유하고 '좋아요'를 누른다. 소셜 봇들은 가짜뉴스, 비방, 혐오 댓글을 퍼뜨린다. 요컨대 시민이 로봇으로 대체된다. 로봇들은 한계비용 없이 대량으로 목소리들을 날조하여 분위기를 조성한다. 그렇게 로봇들은 정치적 논쟁을 심하게 왜곡한다. 로봇들은 또한 팔로워 수를 인위적으로 부풀림으로써 여론 조성 능력이 없는데도 있는 것처럼 속인다. 로봇들은 트윗과 댓글로 소셜미디어상의 여론을 원하는 방향으로 변화시킬 수 있다. 여러 연구가 보여주듯이, 봇이 전체 사용자의 몇 퍼센트만 차지해도 충분히 여론의 방향을 돌릴 수 있다. 봇은 후보 선택에 직접 영향을 미치지는 않지만 선택 과정의 분위기를 조작한다. 유권자들은 **무의식중에** 봇들의 영향에 노출된다.

정치인들이 인터넷상의 분위기를 기준으로 행동 방향을 정한다면, 소셜 봇들은 정치적 결정에 간접적으로 영향을 미치는 것이다. 시민이 여론 로봇과 상호작용하고 그 로봇에 의해 조작될 때, 출신과 동기가 전혀 드러나지 않는 행위자들이 정치적 논쟁에 끼어들 때 민주주의는 위험에 처한다. 정보 전쟁으로서의 선거전에서는 더 나은 논증이 아니라 더 지능적인 알고리즘이 관철된다. 이런 인포크라시, 이런 정보 전쟁에는 담론이 들어설 자리가 없다.

인포크라시에서 정보는 무기처럼 사용된다. 유명한 미국 극우파이자 음모론자인 알렉스 존스의 인터넷 사이트는 의미심장하게도 명칭이 '인포워스Infowars'(정보 전쟁들)이다. 존스는 인포크라시의 걸출한 대표자다. 그의 조잡한 음모론과 가짜뉴스를 수많은 대중이 접하고 믿는다. 그는 정치적 기득권층에 맞선 "정보 전사"로 등장한다. 도널드 트럼프는 자신의 2016년 선거 승리의 공로자 중 하나로 존스를 명시적으로 꼽는다. 가짜뉴스와 음모론을 사용하는 인포워스는 민주주의의 현재 상태를 보여준다. 오늘날의 민주주의에서 진실과 정직은 중요성과 의미를 상실했다. 민주주의는 꿰뚫어 볼 수 없는 정보 정글 안에서 침몰한다.

정보 전쟁으로서의 선거전에서는 이른바 밈meme이 핵심 역할을 한다. 밈은 도발적인 짧은 문구를 포함한 만화나 합성 사진 혹은 짧은 동영상인데, 소셜미디어에서 바이러스처럼 확산된다. 도널드 트럼프가 선거에서 승리한 후 〈시카고 트리뷴〉은 한 포챈4chan(영어권 이미지보드 웹사이트—옮긴이) 사용자의 발언을 인용한다. "우리는 실은 밈을 대통령으로 선출했다." CNN은 2020 미국 대통령 선거를 "밈 선거The Meme Election"라고 부른다. 그 선거전은 "밈 대전The Great Meme War"으로 치러진다. "밈 전쟁memetic warfare"이라는 용어도 쓰인다.

밈은 인터넷상에서 극도로 빠르게 확산하고 번식하고 변이하는 **미디어 바이러스**다. 밈을 만드는 사람들은 밈의 RNA라고 할 만한 핵심 정보를 감염력을 지닌 시각적 껍질 안에 집어넣는다. 밈에 기초한 소통은 **바이러스 감염**과 같으며 가장 먼저 흥분을 일으킨다는 점에서 합리적 담론을 어렵게 만든다. 밈 전쟁은 디지털 소통이 시각적인 것을 텍스트적인 것보다 선호하는 정도가 점점 더 강해지고 있음을 알려준다. 주지하다시피 그림은 텍스트보다 더 빠르다. 담론과 진실은 바이러스적이지 않다. 소통의 시각화가 강화되는 것도 민주주의적 담론을 방해한다. 왜냐하면 그림은 논증하거나 정당화하지 않기 때문이다.

민주주의는 느리고, 호흡이 길고, 지루하다. 따라서 정보의 바이러스적 확산 곧 **인포데믹**은 민주주의적 과정을 심하게 훼손한다. 논증과 정당화를, 바이러스와 맞먹는 속도로 확산하고 증식하는 트윗이나 밈에 집어넣을 길은 없다. 바이러스적 미디어는 담론의 특징인 논리적 정합성을 전혀 모른다. 정보는 고유한 논리, 고유한 시간성, **진실과 거짓 너머의 고유한 품위**를 지녔다. 가짜뉴스도 **일단은 정보다**. 검증 과정은 가짜뉴스가 **영향력을 완전히** 발휘한 다음에야 비로소 시작된다. 정보는 질주하며 진실을 지나치고, 진실은 정보를 따라잡지 못한다. 따라서 진실을 가지고 인포데믹을 물리치려는 시도는 실패로 돌아갈 수밖에 없다. 인포데믹은 **진실에 대한 저항력**을 갖췄다.

# 소통행위의 종말

미디어 이론가 피에르 레비는 에세이 《집단 지성》에서 직접민주주의보다 더 직접적인 디지털 민주주의를 상상한다. 디지털 민주주의는 경직된 대의민주주의를 더 많은 소통과 끊임없는 피드백으로 **유동화**할 것이라고 한다. 디지털 민주주의는 **액체피드백**LiquidFeedback, 즉 어느새 무의미해진 해적 정당 환경에서 당론 형성과 의사 결정에 투입되었던 소프트웨어의 개념과 유사하다. "실시간 민주주의는 […] 끊임없는 결정과 평가의 시간을 창출하고, 그 시간에 책임 당국은 미래에 자신이 자신의 현재 결정들의 귀결에 직면하게 되리라는 것을 안다."[25] 거리를 창출하는 대의Repräsentation를 밀어내고 현재의 무매개적 참여가 그 자리를 차지한다. 디지털 실시간 민주주의는 **현**

**재민주주의**Präsenz-Demokratie다. 이 민주주의는 스마트폰을 **움직이는 의회**로 만든다. 그 의회는 언제 어디에서나 논쟁을 이어간다.

디지털화의 초기에 일각에서 미래의 민주주의로 꿈꾸었던 실시간 민주주의는 터무니없는 환상임이 드러나고 있다. 디지털 떼거리들은 책임 있는, 정치적으로 행위하는 집단을 형성하지 못한다. 소셜미디어의 새로운 예속자인 팔로워들은 스마트한 인플루언서들에 의해 소비 가축으로 길든다. 그들은 탈정치화된다. 알고리즘이 조종하는 소셜미디어상의 소통은 자유롭지도 않고 민주주의적이지도 않다. 그 소통은 새로운 미성숙을 유발한다. 예속장치로서의 스마트폰은 움직이는 의회와는 영 딴판이다. 스마트폰은 **움직이는 쇼윈도**로서 끊임없이 사적인 것을 공개함으로써 공론장의 파열을 가속한다. 스마트폰은 성숙한 시민을 만들어낸다기보다는 오히려 소비 및 소통 좀비를 만들어낸다.

디지털 소통은 정보 흐름의 경로 변환을 일으키고, 그 경로 변환은 민주주의적 과정에 파괴적으로 작용한다. 정보들은 공적 공간을 거치지 않고 퍼져나간다. 정보들은 사적 공간들에서 생산되어 사적 공간들로 전송된다. 따라서 인터넷은 공론장을 이루지 못한다. 소셜미디어는 이 같은 **공동체 없는 소통**을 강화한다. 인플루언서들과 팔로워들은 정치적 공론장을 형성하지 못한다. 디지털 커뮤니티는 공동체의 상품 형태다. 실제로 디지털 커뮤니티는 **상품**commodity이다. 디지털 커뮤니티는 **정치적 행위**를 할 능력이 없다.

디지털망에는 전통적인 군중 미디어의 원형극장 구조가 없다. 그 구조는 사회 전체에 관한 주제들을 취합하고 주민 전체의 주의를 그 주제들로 이끄는데 말이다. 디지털망에 내재하는 원심력들은 공론장에 모여야 할 사람들을 이익을 좇는 덧없는 떼거리들로 분열시킨다. 그리하여 더 안정적이고 더 넓은 공론장을 필요로 하는 소통행위가 어렵게 된다.

공론장의 디지털 구조변동이 가져오는 문제들과 더불어, 소통행위의 위기를 조장하는 사회적 과정들이 존재한다. 한나 아렌트에 따르면, 정치적 생각은 "타인들의 생각이 항상 함께 있다"는 의미에서 "대표성을 띤다repräsentativ". 자신의 의견 형성에 **타인이 함께 있음**으로서의 대표성은 **담론적** 실행으로서의 민주주의에 본질적이다. "나는 특정한 사안을 다양한 관점에서 고찰함으로써, 부재자들의 관점들을 떠올려 함께 대표함으로써 내 의견을 형성한다."[26] 민주주의적 담론을 위해서는 "나 자신의 정체성을 포기하지 않으면서도 나의 위치가 아닌 세계 내 위치를 받아들이고 그 위치에서 나 자신의 의견을 형성할" 수 있게 해주는 **상상력**이 필수적이다.[27] 의견 형성으로 귀결되는 숙고는 **타인의 입장**을 함께 떠올리는 한에서 "참으로 담론적"이다.[28] **타인의 지금 있음**이 없으면 나의 의견은 담론적이지 않고, 대표적이지 않으며, 자폐적이고 외곬이며 교조적이다.

**타인의 지금 있음**은 하버마스가 말하는 소통행위에서도 본질적이다. "소통행위의 개념은 행위자들을 또한 화자 겸 청자로 간주할 것을 요구한다. 행위자들은 객관적이거나 사회적이거나 주관적인 세계 안의 무언가를 언급하면서 서로에게 타당성 주장을 제기하고, 그 주장은 수용되거나 반박될 수 있다. 행위자들은 객관적이거나 사회적이거나 주관적인 세계 안의 무언가를 더는 **대뜸**geradehin 언급하지 않는다. 대신에 그들은 세계 안의 무언가에 관한 자신의 발언을, **다른** 행위자들이 그 발언의 타당성을 반박할 가능성에 비추어 상대화한다."[29] **대뜸** 혹은 **독자적으로**는 **담론적** 운동이 아니다. 대뜸은 **담론맹**盲이다. 담론은 **왔다 갔다 하는** 운동이다. 라틴어 **디스쿠르수스**discursus는 **서성거리기**를 의미한다. 담론에서 우리는 긍정적인 의미에서 **타인으로 인해** 자신의 확신에 등을 돌린다. **타인의 목소리**가 비로소 나의 발언, 나의 의견에 담론성을 부여한다. 소통행위에서 나는 나의 발언이 타인에 의해 의문시될 가능성을 함께 떠올려야 한다. 어떤 물음표도 없는 발언은 담론성이 없다.

오늘날 소통행위가 위기에 처한 원인을 메타 수준에서 찾으면, **타인이 사라져가는 것**을 꼽을 수 있다. 타인의 사라짐은 담론의 종말을 뜻한다. 그 사라짐은 의견에서 소통적 합리성을 앗아간다. 타인의 추방은, 자기 고유의 견해를 자신에게 주입하려는 자기선전적 강박을 강화한다. 이 자기 교설 주입은 자폐적인 정보 거품방울을 생산하고, 그 거품방울은 소통행위를 어렵게 만든다. 자기 선전의 강박이 커질수록, 담론 공간은 점점 더 반향실Echokammer들로 대체된다. 반향실 안에서 나는 무엇보다도 나 자신의 말을 듣는다.

담론은 자신의 견해와 자신의 정체성을 분리하는 것을 전제한다. 이 담론적 능력을 보유하지 못한 사람들은 전투적으로 자신의 견해를 고수한다. 그렇게 하지 않으면 그들의 정체성이 위험에 처하기 때문이다. 이런 연유로 그들을 그들 고유의 신념으로부터 떼어내려는 시도는 실패로 돌아갈 수밖에 없다. 그들은 **누구의 말도 받아들이지 않으며 도무지 경청하지 않는다**. 그러나 담론은 **경청의 실행**이다. 민주주의의 위기는 일차적으로 **경청의 위기**다.

엘리 패리서에 따르면, 알고리즘을 통한 연결망의 개인화가 공적 공간을 파괴한다. "차세대 인터넷 필터들은 당신이 무엇을 좋아하는 듯한지—당신이 과거에 인터넷에서 어떤 활동을 했는지, 혹은 어떤 사물이나 사람을 좋아했는지—살펴보고 거기에 맞게 여러 결론을 도출한다. 예측 기계들은 끊임없이 당신의 성격에 관한 이론을 구상하고 개선하면서 당신이 다음번에 무엇을 하고 무엇을 원할지 예측한다. 이 기계들의 협력으로 우리 각자에 대응하는 더없이 고유한 정보 우주가—나는 이 우주를 필터 버블filter bubble이라고 부른다—창조되고 우리가 생각과 정보에 도달하는 방식이 근본적으로 변화한다."[30] 내가 인터넷 안에서 돌아다니는 시간이 길수록, 나의 필터 버블은 내가 좋아하고 나의 신념을 강화하는 정보들로 더 많이 채워진다. 나는 세계에 관한 나의 견해와 어긋나지 않는 견해들만 보게 된다. 다른 정보들은 걸러진다. 그렇게 필터 버블은 나를 영구적인 "나-고리Ich-Schleife" 안에 빠뜨린다.

엘리 패리서는 연결망의 개인화가 민주주의 자체를 위협한다고 본다. 패리서에 따르면, 민주주의의 토대 및 존재 이유는 개인 고유의 즉각적 이해관계 바깥에 놓인 사회적 주제들이다. 그런데 인터넷의 개인화는 우리의 생활세계와 경험 범위가 점점 더 작아지고 제한되게 만든다. 그리하여 그 개인화는 민주주의적 공론장의 파열을 일으킨다. "필터 버블 안에서 공적 공간—공통의 문제들이 인식되고 다뤄지는 구역—은 한마디로 더 하찮게 된다."[31]

필터 버블 이론은 정보사회에서 경험 범위의 축소를 오로지 알고리즘을 통한 연결망의 개인화 탓으로 돌린다는 점에서 결정적인 약점을 지녔다. 패리서의 견해와 달리, 공론장의 파열은 **순수한 기술적 문제가 아니다**. 검색 결과와 뉴스피드의 개인화는 그 파열 과정에서 미미한 역할만 담당한다. 자기 교설 주입과 자기 선전은 이미 **오프라인**에서도 일어난다.

사회의 원자화와 나르시시스화가 심해짐에 따라 우리는 **타인의 목소리**를 듣지 못하게 된다. 또한 **공감을 상실한다**. 오늘날 모든 각자는 자아를 숭배한다. 누구나 자기를 공연하고 생산한다. 알고리즘을 통한 망의 개인화가 아니라 **타인의 사라짐**이, **경청 능력의 부재**가 민주주의가 처한 위기의 원인이다.

소통과 이해를 위해 애쓰는 담론적 상황은 전제와 맥락 없이 작동하지 않는다. 도리어 그 상황은 문화적으로 자명한 것들, 혹은 사회적으로 습득한 관행들로 이루어진 구역으로 둘러싸여 있다. 그 구역이 소통행위를 **선**先**반성적으로** 규정한다. 하버마스는 일치하는 해석 패턴들로 이루어진 그 구역을 "생활세계"라고 부른다. 그 구역이 소통행위를 안정화하는 배경 합의를 형성한다. "화자와 청자가 서로 마주하고 세계 안의 무언가에 관하여 소통하고 이해하는 동안, 그들은 그들의 공통 생활세계 안에서 움직인다. 이 공통 생활세계는 소통 참여자들에게, 직관적으로 의식되며 문제점이 없고 분해할 수 없는 총체적 배경으로서 배후에 머무른다. 발화상황은 그때그때의 주제에 맞게 구획한, 생활세계의 한 부분이다. 생활세계는 소통 및 이해 과정을 위한 **맥락**을 형성할 뿐 아니라 **자원**을 제공한다. 생활세계는 지평선으로 둘러싸인 구역을 형성할 뿐 아니라 문화적으로 자명한 것들을 제공한다."[32]

온전한 생활세계는 오직 비교적 균질한 사회에서만 가능하다. 가치들과 문화적으로 전승된 것들을 비교적 잘 공유하고 있는 사람들의 사회에서만 말이다. 그런데 지금 지구화와 그에 따른 사회의 **과도**過度**문화화**는[33] 문화적 맥락들과 전승의 연결망들을 해체한다. 이 맥락들과 연결망들이 우리를 하나의 공통 생활세계에 정박하는데 말이다. 선반성적으로 타당한 관습적 정체성 제안은 오늘날 없어졌다. 이제 우리는 자명하고 문제점이 없다고 스스로 지각하는 생활세계 안에 **던져져 있지** 않다. 생활세계는 **기획해야**entwerfen(하이데거 학자들의 통상적 번역은 '기투해야'—옮긴이) 할 무언가다. 분해할 수 없는 것으로 지각되는 총체적 구역은 급진적 파편화 과정에 휩쓸려들었다. 지구화와 더불어 디지털화와 연결망 형성이 생활세계의 파열을 가속한다. 점점 심해지는 생활세계의 **탈사실화와**

**탈맥락화**는 소통행위의 "총체적 배경"을 파괴한다. 생활세계의 사실성이 사라짐에 따라, 이해를 추구하는 소통은 훨씬 더 어려워진다.

생활세계의 탈사실화 앞에서, 정체성 경험과 공동체 경험이 가능한 공간들을 다시 인터넷 안에 마련하려는 욕구와 노력이 발생한다. 즉, 자명하고 문제점이 없다고 지각되는 **인터넷 기반 생활세계**를 마련하려는 것이다. 요컨대 인터넷이 **종족화**된다. **생활세계의 재사실화**로서의 인터넷 종족화는 생활세계적 정체성 수요가 높은 우파 진영에 특히 만연해 있다. 세계시민들로 이루어진 자유주의 진영은 종족화 없이 존속하는 것으로 보인다. 우파 진영에서는 심지어 음모론마저 **정체성 제안**으로 취급된다. 디지털 종족은 강력한 정체성 경험과 소속 경험을 가능케 한다. 디지털 종족들에게 정보는 **지식을 위한 자원이 아니라 정체성을 위한 자원**이다.[34] 음모론은 인터넷상에 종족주의적 서식 구역이 형성되는 데 기여하기에 특히 적합하다. 왜냐하면 음모론은 경계 설정과 배제를 가능하게 만들기 때문인데, 경계 설정과 배제는 종족주의에, 그리고 종족주의의 정체성 정치에 본질적이다.

연결망 안의 종족주의적 경계 설정과 봉쇄는 알고리즘을 통한 연결망 개인화의 결과가 아니다. 연결망 안의 종족주의를 필터 버블 효과의 탓으로 돌릴 수는 없다. 디지털 종족은 **자발적으로** 정보를 선별하여 자신의 정체성 정치에 투입함으로써 자신을 봉인한다. 필터 버블 논제와 달리, 디지털 종족은 자신의 정보 거품방울 안에서 자신의 신념에 반하는 사실들을 얼마든지 접할 것이다. 그러나 그 사실들은 그냥 무시된다. 왜냐하면 그것들은 정체성을 세워주는 이야기에 들어맞지 않고, 신념의 포기는 정체성 상실과 다름없으며, 정체성 상실은 무슨 수를 써서라도 막을 필요가 있기 때문이다. 따라서 종족주의적 정체성 집단은 어떤 담론도, 어떤 대화도 거부한다. 소통과 이해는 불가능해진다. 종족주의적 정체성 집단들이 발설한 견해는 담론적이지 않고 **신성하다**. 왜냐하면 그 견해는 그들의 정체성과 완전히 일치하기 때문이다. 그들이 정체성을 포기하는 것은 불가능하다.

소통행위에서 모든 각각의 참여자는 타당성 주장을 제기한다. 타인들이 그 주장을 받아들이지 않으면, 담론이 벌어진다. 담론은 서로 어긋나는 타당성 주장들 앞에서 이해에 도달하려 애쓰는 소통 활동이다. 담론은 타당성 주장을 정당화하거나 반박하는 논증들을 통해 이루어진다. 담론에 내재하는 합리성을 일컬어 **소통적 합리성**이라고 한다.

정체성 집단으로서의 디지털 종족이 제기하는 타당성 주장은 담론적이지 않고 절대적이다. 왜냐하면 그 주장에는 소통적 합리성이 없기 때문이다. 소통적 합리성은 특정한 규칙들을 따라야 한다. 발설된 견해와 관련해서 그 합리성은 비판가능성과 정당화 능력을 전제한다. "발언이 오류 가능한 앎을 구현하고, 따라서 객관 세계와 관련 맺고(곧 사실 관련성을 띠고), 객관적으로 판정될 수 있을 때 그리고 그런 한에서, 발언은 합리성의 전제조건을 충족한다."[35] 디지털 종족들의 탈사실적 우주에서 발언은 더 이상 사실 관련성을 아예 띠지 않는다. 따라서 발언은 어떤 합리성도 없다. 발언은 비판가능하지도 않고 반드시 정당화될 필요도 없다. 그러나 그 발언을 **믿는다고 고백하는** 사람은 **소속**감을 얻는다. 요컨대 담론은 **믿음과 고백**으로 대체된다. 이제 각각의 종족 구역 바깥에는 단지 적들만, 무찔러야 할 **타인들**만 존재한다. 우파 정체성 정치뿐 아니라 좌파 정체성 정치에서도 목격할 수 있는 현재의 종족주의는 사회를 갈라놓고 양극화한다. 그 종족주의는 정체성을 방패로, 혹은 어떤 다름도 배척하는 요새로 만든다. 점점 더 심해지는 사회의 종족화는 민주주의를 위협한다. 그 종족화는 **종족주의적 견해와 정체성이 군림하는 독재**로 귀결된다. 그 독재에는 어떤 소통적 합리성도 없다.

오늘날 소통은 **타자의 차원**이 점점 더 없어진다는 점에서 담론성이 점점 더 줄어든다. 사회는 **서로 화해할 수 없는, 타자성 없는 정체성들**로 파열한다. 담론 대신에 **정체성 전쟁**이 벌어진다. 그리하여 사회는 공통의 것을, 특히 공통감각Gemeinsinn을 상실한다. 우리는 **서로의 말을 더는 경청하지 않는다**. 경청은 사람들을 비로소 하나의 공동체로 용접鎔接하고 담론할 수 있게 해준다는 점에서 정치적 활동이다. 경청은 하나의 **우리**를 확립한다. 민주주의는 **경청자 공동체**다. **공동체 없는 소통**으로서의 디지털 소통은 **경청의 정치**를 파괴한다. 그러면 우리는 단지 우리 자신의 말만 듣게 된다. 그것은 소통행위의 종말일 터이다.

# 디지털 합리성

데이터주의자들에 따르면, 공론장의 파열뿐 아니라 어마어마한 정보량과 정보사회의 복잡성 급상승도 소통행위의 이념을 시대에 뒤처진 것으로 만든다. "21세기 사회는 너무 복잡하고, 이 복잡성은 정보기술 덕분에 **그 실상대로 너무나 명확하게** 가시화된다. […] 처리해야 할 정보의 양은 개인들의 '제한된 합리성'을 능가할 만큼 방대해졌다. 그리하여 일상에서 인간 간 소통은, 아렌트와 하버마스가 상정한 전제들이 현실에서 충족되기 어려울 정도로 심하게 위축되었다. […] 오늘날의 사회에서 시민들은 하나의 공통된 토론 배경이 존재한다고 믿을 수 없다. 그런 배경이 존재한다면 토론을 시작할 수 있을 테지만 말이다. 시민들은 자신들이 동일한 공동체의 구성원으로서

이 토론에 참여한다는 전제조차 더는 채택할 수 없다. 아렌트와 하버마스가 이상으로 떠받든 공론장은 애당초 전혀 실현되지 않는다."[36]

소통행위를 침식하는 세태 앞에서 하버마스는 당혹감을 솔직히 터놓는다. "18세기 이래로 발생했으나 오늘날 부서지고 있는, 광범위한 정치적 공론장들의 소통구조를 기능적으로 대체할 구조가 디지털 세계에서 어떤 모습일지 나는 전혀 모르겠다. […] 어떻게 하면 탈중심화된 인터넷의 가상 세계에서 […] 사람들을 **포용적**으로 파악하는 소통의 순환이 일어나는 공론장을 유지할 수 있을까?"[37] 데이터주의자라면 미래로 도주하면서 소통행위에 전혀 의지하지 않는 합리성을 상상할 수도 있을 것이다. 그들은 다름 아니라 빅데이터와 인공지능에서 오늘날 무너져가는 담론적 공론장의 **기능적 대체물**을 본다. 빅데이터와 인공지능이 하버마스의 소통행위 이론을 시대에 뒤처지게 만들 것이라고 한다. 담론은 데이터로 대체된다. 사람들은 알고리즘을 이용한 빅데이터 가공을 통해 포용적으로 파악되어야 한다. 데이터주의자들은 심지어 인공지능이 사람보다 더 잘 **경청한다**고 주장할 것이다.

소통 없이, 담론 없이 존속하는 형태의 합리성을 **디지털 합리성**이라고 부를 수 있다. 디지털 합리성은 담론을 이끄는 소통적 합리성과 대립한다. 정당화 능력과 더불어 기꺼이 배우려는 태도도 소통적 합리성에 본질적이다. 하버마스는 이렇게 쓴다. "합리적 발언은 비판가능하기 때문에 또한 **개선될 능력이 있다**. 우리가 범한 오류를 식별하는 데 성공하면, 우리는 실패로 돌아간 시도를 수정할 수 있다. **정당화**의 개념은 **배움**의 개념과 엮여 있다. 논증은 배움 과정을 위해서도 중요한 역할을 한다. 그래서 우리는 인지적-도구적 영역에서 정당화된 견해를 발설하고 효과적으로 행위하는 사람을 합리적이라고 칭하지만, 이 합리성이 실패로부터, 가설의 반박으로부터, 개입의 좌절로부터 배우는 능력과 짝을 이루지 않으면, 이 합리성은 우연적 합리성으로 머문다."[38] 인공지능은 정당화하지 않고 계산한다. 논증의 자리에 알고리즘이 들어선다. 논증은 담론 과정에서 **개선된다**. 반면에 알고리즘은 기계적 과정에서 계속 **최적화된다**. 이를 통해 알고리즘은 스스로 자신의 오류들을 수정할 수 있다. 디지털 합리성은 담론적 배움을 **기계학습**으로 대체한다. 그렇게 알고리즘이 논증을 흉내 낸다.

데이터주의적 관점에서 보면, 담론은 느리고 비효율적인 형태의 정보 처리일 따름이다. 담론 참여자들이 제기하는 타당성 주장들의 바탕에 놓여 있는 것도 불충분한 정보 처리다. 데이터주의자라면 이렇게 주장할 것이다. 소통행위는 정보 집합이 한눈에 굽어볼 수 있는 규모일 때만 가능하다. 왜냐하면 유한한 인간 지성은 큰 정보 집합을 처리할 능력이 없기 때문이다. 그런데 디지털화는 담론의 울타리를 깨부수는, **정보의 급증**을 유발한다.

빅데이터와 인공지능 덕분에 우리는 모든 것을 포괄하는 신적인 시야를 얻어서 모든 사회적 과정을 정확히 파악하고 만민의 안녕을 위해 최적화할 것이라고 데이터주의자들은 믿는다. 매사추세츠 공과대학 미디어랩의 인간동역학Human Dynamics 연구팀장 알렉스 펜틀랜드는 신념이 확고한 데이터주의자다. 그는 저서 《사회물리학: 어떻게 사회연결망들이 우리를 더 영리하게 만들 수 있을까?》에서 이렇게 쓴다. "빅데이터 덕분에 우리는 사회의 복잡성을 무수한 인간 간 거래의 연결망 형성을 통해 온전히 고찰할 가능성을 확보했다. 우리가 '신적인 시야'를, 모든 것을 포괄하는 시야를 확보한다면, 사회가 작동하는 방식을 제대로 이해할 능력을 갖추고 우리의 문제들을 해결하기 위한 발걸음을 내디딜 수 있을 것이다."[39]

빅데이터의 신적인 시야 앞에서 인간 지성이 지휘하는 담론은 빛이 바랜다. 디지털 전지全知는 담론을 쓸모없게 만든다. 데이터주의자들은 하버마스의 소통행위 이론에 **행동주의적 정보 이론**을 맞세운다. 후자에는 담론이 필요 없다. 데이터주의적 세계상에는 타당성 주장을 제기하고 논증으로 옹호하는, 합리적으로 행위하는 개인이 등장하지 않는다.

빅데이터와 인공지능을 통한 데이터 마이닝은 예측 가능한 사회적 시스템으로 간주된 사회의 문제들과 분쟁들에 대한 최적의 해법을 찾아낸다. 그 해법들은 모든 관련자에게 혜택을 준다. 그 관련자들은 정보 처리 능력의 한계 때문에 스스로 그 해법들에 도달하지 못하지만 말이다. 요컨대 빅데이터와 인공지능은 큰 정보 집합들을 처리할 능력이 한정된 개별 인간들보다 더 지능적으로, 그러니까 **더 합리적으로** 결정을 내린다. 데이터주의적 관점에서 보면, 디지털 합리성은 소통적 합리성을 월등히 능가한다.

데이터주의자들의 확신에 따르면, 인류는 사회에 관한 전지全知를 제공할 데이터를 인류 역사상 최초로 보유했다. 데이터주의자들은 전쟁과 금융위기가 없는 세계, 감염병을 신속하게 발견하고 차단할 수 있는 세계를 호언장담한다. 펜틀랜드가 2014년에 쓴 글에 따르면, 오로지 데이터만이 독감으로 인한 대량 사망을 막을 수 있다. 하지만 사생활에 대한 배려가 결정적인 문명의 진보를 가로막고 있다고 한다. "이 목표 달성을 방해하는 주요 요인은 사생활에 대한 고려, 그리고 개인적 가치들과 사회적 가치들 사이의 비교 측정에 관하여 우리가 아직 합의에 이르지 못했다는 사실이다. 그런 센서 시스템이 제공할 수 있을 법한 공적인 혜택들을 무시하지 말아야 한다. 다음번 독감 대유행에서 수억 명이 사망할 수도 있으며, 어느새 우리는 그런 참사를 막을 수단을 보유한 것으로 보인다. 마찬가지로 우리는 도시의 에너지 소비를 대폭 줄일 수만 있는 것이 아니라 심지어 도시와 구역을 솜씨 있게 구성하여 범죄율은 낮추면서 생산성과 창조성은 높일 수도 있다."[40]

데이터주의자들의 눈앞에 어른거리는 것은 철저히 **정치 없이** 돌아가는 사회다. 그들은 이렇게 주장할 법하다.

사회적 시스템이 충분한 안정성을 보유하면, 곧 모든 사회적 층에서 시스템에 대한 전반적 동의가 성립하면, 새로운 사회적 상태를 창출하는 강한 의미의 정치적 행위는 필요하지 않게 된다. 계급 및 이해관계 갈등이 줄어들면 정당도 의미를 잃는다. 정당들은 점점 더 비슷해진다. 데이터주의자들은 이렇게 주장을 이어갈 법하다. 정당과 이데올로기는 심각한 분배 부정의나 계급 차이 같은 시스템적 불평등이 만연한 사회에서만 유의미하다. 데이터주의적 관점에서 보면, 정당 민주주의는 가까운 미래에 소멸할 것이다. 정당 민주주의는 **디지털 탈민주주의로서의 인포크라시**에 밀려난다. 그러면 정치인은 전문가들과 정보학자(미국식 표현으로는 컴퓨터과학자)로 대체될 것이며, 이들은 이데올로기적 견해의 저편에서 권력에 대한 관심에 휘둘리지 않고 사회를 **관리할** 것이다. 정치는 **데이터 주도의 시스템 관리**로 대체된다. 사회적으로 중요한 결정들은 빅데이터와 인공지능을 통해 내려진다. 정치적 담론은 계속 존재할 것이다. 그러나 그 담론은 부차적일 것이다. 담론과 소통의 증가가 아니라 데이터와 지능적인 알고리즘의 증가가 사회적 시스템의 최적화를, 요컨대 **만민의 행복**을 약속한다.

18세기 통계학 기법들에 감동한 루소는 "소통 없이 aucune communication" 작동하는 **산술적 합리성**을 논한다. 그 합리성은 소통적 합리성과 대립한다. 루소는 일반의지 volonté générale를 순수한 수적-수학적 양으로 개념화한다. 일반의지는 소통행위의 저편에서 객관화된 양으로 발견된다. 소통이 아니라 산술적 계산 곧 알고리즘이 일반의지를 알아낸다. 루소는《사회계약론》에서 이렇게 말한다. "모두의 의지와 일반의지 사이에 흔히 커다란 차이가 있다. 후자는 단지 일반적 최선을 추구하는 반면, 전자는 사적 이익을 추구하며 단지 개별 의향들의 총합일 뿐이다. 이 의향들에서 서로 상쇄되는 초과량과 부족량을 빼면, 최종 합으로 일반의지가 남는다."[41] 루소는 일반의지의 확인이 "소통 없이" 이루어진다고, 심지어 소통은 배제되어야 한다고 명시적으로 밝히고 있다. 시민들이 서로 소통하지 않는 것, 어떤 담론도 일어나지 않는 것은 일반의지 확인의 가능성 조건이다. 모든 소통은 일반의지의 상像을 왜곡한다. 따라서 루소는 정당과 정치단체의 구성도 금지한다. 왜냐하면 이것들은 "차이들"을 자신에게 이롭도록 제거하기 때문이다. 모든 각자는 담론에 참여하는 대신 자신의 고유한 확신을, 개인적 견해를 고수해야 한다. "차이들은 개수가 줄어들며 덜 일반적인 결과를 초

래한다. 결국 이 통일된 차이들 중 하나가 너무 커서 다른 모든 차이보다 우월하면, 결과는 더 이상 작은 차이들의 합이 아니고 대신에 단 하나의 차이가 된다. 이 경우에 일반의지는 더는 존재하지 않으며, 승리하는 견해는 단지 개별 견해일 뿐이다. 그렇기 때문에 일반의지가 명확히 표명되게 하려면, 국가 안에 특수한 집단들이 되도록 존재하지 않고 모든 각각의 시민이 단지 자신의 고유한 확신만 옹호해야 하는 것이 중요하다."[42]

루소의 주장을 데이터주의자들의 언어로 번역하면 다음과 같다. 다양한 데이터가 더 많이 확보되어 있을수록, 알아낸 일반의지는 더 진실하다. 반면에 담론은 결과를 왜곡한다. 이처럼 루소는 최초의 데이터주의자다. 담론과 소통을 완전히 포기하는 루소의 산술적 합리성은 디지털 합리성과 유사하다. 루소가 말한 통계학자들은 정보체제에서 정보학자들로 대체된다. 빅데이터를 입력하면 인공지능은 일반의지를, 곧 사회의 "일반적 최선"을 계산해내야 한다.

소통적 합리성은 개인의 자율과 자유에 기반을 둔다. 반면에 데이터주의자들은 개인이 자유롭고 자율적인 방식으로 행위한다는 생각을 배척하는 디지털 행동주의를 옹호한다. 행동주의자로서 데이터주의자는 개인의 행동을 정확히 예측하고 조종할 수 있다고 확신한다. 전지全知는 개인의 자유를 시대에 뒤처진 것으로 만든다. "자율적 인간의 폐기는 오래전부터 진작 했어야 할 일이었다. '자율적 인간'은 우리가 달리 설명할 수 없는 일들을 설명할 때 이용하는 수단이다. 그것은 우리의 무지에서 나온 산물이다. 우리의 지식이 증가하면, 자율적 인간의 실체는 점점 더 녹아 없어진다. […] 우리가 이 인간 안의 인간으로부터 해방되면, 우리는 기뻐할 수 있다. 오직 우리가 그 자율적 인간의 권리를 박탈할 때만, 우리는 인간 행동의 진짜 원인으로 시선을 돌릴 수 있다. 그리고 오직 그럴 때만 우리는 파생된 것에서 벗어나 관찰된 것에, 놀라운 것에서 벗어나 자연적인 것에, 접근불가능한 것에서 벗어나 조작할 수 있는 것에 도달할 수 있다."[43]

소통적 합리성과 달리, 디지털 합리성의 출발점은 개인이 아니라 집단이다. 데이터주의적 관점에서 보면, 자율적으로 행위하는 개인은 허구다. "이제는 우리가 합리성의 기본단위로서의 개인이라는 허구를 포기하고 우리의 합리성은 대체로 우리를 둘러싼 사회적 구조에 의해 규정됨을 깨달을 때가 되었다."[44] 우리의 행동은 사회물리학의 법칙들에 종속되어 있다. 데이터주의자들은 인간이 꿀벌이나 유인원과 근본적으로 다르지 않다고 본다. "사회물리학의 강점은 우리의 일상적 행위들이 거의 한결같이 습관에 따르며 절대다수의 경우에 우리가 다른 종들의 행동을 관찰함으로써 배운 바에 기초를 둔다는 사실에서 유래한다. […] 바꿔 말해, 우리는 인간을 유인원이나 꿀벌과 똑같이 관찰할 수 있고 그로부터 행동, 반응, 학습을 지배하는 규칙들을 도출할 수 있다."[45]

알렉스 펜틀랜드는 데이터 마이닝을 확장하여 "실재 마이닝Reality mining"을 거론한다. 사람들에게 이른바 사회적 측정기Soziometer들이 장착된다. 이 장치들은 사람들의 행동을 신체언어까지 정밀하게 기록함으로써 방대한 행동 데이터를 산출한다. 이 같은 디지털 센서들을 이용한 "실재 마이닝"은 온 사회를 예측가능하고 조종가능하게 만든다. "몇 년 안에 우리는 사실상 전 인류의 행동에 관한 포괄적 데이터를 보유하고 처리하게 될 것이다. 그것도 매 순간 말이다. […] 그리고 인간 삶의 패턴을 더 정확히 시각화하는 기술이 개발되고 나면, 인간과 기술로 이루어진 우리의 복잡한 연결망에 더 적합한 방식으로 우리의 현대사회를 이해하고 조종하기를 희망해도 좋을 것이다."[46]

데이터주의자들은 사회를 기능적 유기체로 간주한다. 단지 복잡성이 더 높다는 점에서만 사회는 다른 유기체들과 구별된다. 유기체로서의 사회 내부에는 타당성 주장들이 없다. 유기체의 기관들 사이에서는 담론이 벌어지지 않는다. 중요한 것은 오로지 기능 단위들 사이의 **효과적인 정보 교환**이다. 그런 정보 교환이 더 많은 성과를 보장한다. 정치와 행정은 계획, 조종, 조건화로 대체된다.

행동주의적 인간관은 민주주의의 근본원칙들과 쉽게 조화되지 않는다. 데이터주의적 우주에서는 민주주의가 **데이터 주도의 인포크라시**에 밀려난다. 인포크라시는 정보 교환의 최적화에 열중한다. 인공지능을 이용한 데이터 분석이 담론적 공론장을 대체한다. 이 대체는 민주주의의 종말을 의미할 터이다. 쇼샤나 주보프는 데이터주의적 인간관에 강력히 반발한다. "향후 몇십 년 동안 민주주의를 갱신하고자 한다면 분노의 느낌이, 우리가 빼앗기고 있는 것에 대한 직관적 상실감이 필요하다. [...] 여기에서 위태로운 것은, 자신이 자기 삶의 주인이며 자기 경험의 창시자라는 인간 측의 기대다. 여기에서 위태로운 것은 우리가 형성하는 의지하기를 향한 의지Willen zum Wollen의 재료인 내적인 경험, 그리고 이 의지에 따른 행위가 이루어지는 공적 공간들이다."[47]

데이터주의자들에게는 자유와 민주주의에 대한 저 열정적인 신앙고백이 이미 가버린 시대에서 온 유령의 목소리처럼 들릴 것이다. 데이터주의적 관점에서 보면, 개인의 자율과 자유를, "의지하기를 향한 의지"를 인간의 기반으로 삼는 인간 이념은 비교적 짧은 시간 동안 존속하다가 명을 다할 것이다. 데이터주의자들은 일찍이 푸코가 《말과 사물》에서 들먹인 인간의 죽음에 동의할 것이다. "인간은 발명품이다. 이 발명의 시점이 최근이라는 점은 우리 사상의 고고학에서 명백히 드러난다. 어쩌면 종말도 머지않았을 것이다. [...] 그렇다면 마치 바닷가 모래에 그린 그림처럼 인간이 사라진다는 쪽에 얼마든지 내기를 걸 만하다."[48] 모래에 그린 그림을 파도로 휩쓸어 없애는 저 바다는 지금은 끝없는 데이터의 바다다. 그 바닷속에서 인간은 용해되어 가련한 데이터 찌꺼기로 가라앉는 중이다.

# 진실의 위기

바야흐로 **새로운 허무주의**가 확산하고 있다. 종교적 교리들이나 전승된 가치들이 유효성을 상실한 탓이 아니다. 니체가 "신은 죽었다"라는 문장이나 "모든 가치의 전도顚倒"라는 문구로 표현한 **가치허무주의**는 이미 지나갔다. 새로운 허무주의는 21세기의 현상이다. 이 허무주의는 **정보사회의 병적인 뒤틀림**의 일부이며, 우리가 진실 자체에 대한 믿음을 상실할 때 발생한다. 가짜뉴스, 정보 조작, 음모론의 시대에 우리는 진실을 보유한 실재를 상실해간다. 지금 정보는 실재로부터 완전히 분리된 채 과도실재적hyperreal 공간에서 유통된다. **사실성**에 대한 믿음이 사라져간다. 요컨대 우리는 **탈사실화된** 우주 안에서 산다. 마지막엔 진실들과 더불어, 우리가 행위하면서 관련 맺을 수 있을 만한 **공통 세계**도 사라질 것이다.

니체의 진실 비판은 그 급진성에도 불구하고 진실의 파괴를 목적으로 삼지 않는다. 그의 비판은 진실 자체를 부정하지는 않기 때문이다. 니체의 비판은 단지 진실의 도덕적 기원을 드러낼 뿐이다. 진실은 **탈건설된다**de-*konstruiert*. 즉, 계보학적으로 **재건설된다**rekonstruiert. 니체에 따르면 진실은 사회적 구성물이며, 인간의 공동생활을 가능하게 만드는 데 기여한다. 진실은 인간의 공동생활에 실존적 토대를 제공한다. "**진실을 향한 충동**은 실재 세계와 거짓 세계가 얼마나 상반되는지, 또 관습적 진실이 무조건 유효하지 않을 때 인간 삶의 모든 면모가 얼마나 불확실한지를 또렷이 관찰하는 것에서 시작된다. 이것은 인간 사회가 실존하려면 확고한 관습이 필수적이라는 도덕적 확신이다. **전쟁 상태**가 끝나려면 진실을, 곧 사물들에 대한 유효하고 구속력 있는 **표현**을 확정하기 시작해야 한다. 거짓말쟁이는 비실재를 실재하는 것처럼 보이게 만들기 위하여 언어를 사용한다. 바꿔 말해 그는 확고한 토대를 악용한다."[49] 진실은 다양한 타당성 주장들이 **모두에 맞선 모두의 전쟁**으로, 사회의 **전면적 분열**로 이어지는 것을 막는다. 진실은 필수적 관습으로서 사회를 결속한다.

오늘날이라면 니체는 더 급진적인 사회 비판을 내놓았을 성싶다. 그는 어느새 우리에게 **진실을 향한 충동**이, **진실을 향할 의지**가 깡그리 없어졌다고 증언했을 법하다. 오직 온전한 사회만 진실을 향한 충동을 발전시킨다. 사라지는 진실 충동과 사회의 파열은 서로의 조건이다. 진실의 위기는 사회가 집단들이나 종족들로—이들 사이에서는 이해가, **사물들에 관한 구속력 있는 표현**이 더는 불가능하다—파열하는 곳에서 확산한다. 진실의 위기가 닥치면 공통 세계가, 심지어 공통 언어가 사라진다. 진실은 사회적 규제, 사회의 규제적 이념이다.

새로운 허무주의는 정보사회의 한 증상이다. 진실에는 한 사회를 결속하는 구심력이 내재한다. 정보에 내재하는 원심력은 사회적 결속에 파괴적으로 작용한다. 새로운 허무주의는 **담론마저 정보들로 파열하는** 파괴적 과정 안에서 발생한다. 그 과정은 **민주주의의 위기**를 가져온다.

새로운 허무주의란 거짓말이 진실로 제시된다거나 진실이 거짓말로 비방된다는 것을 뜻하지 않는다. 오히려 진실과 거짓말의 구별 자체가 제거된다. 의식적으로 거짓말하면서 진실에 반항하는 자는 역설적이게도 진실을 인정한다. 거짓말은 진실과 거짓말의 구별이 온전한 곳에서만 가능하다. 거짓말쟁이는 진실과의 관련을 상실하지 않는다. 실재에 대한 그의 믿음은 흔들리지 않는다. 거짓말쟁이는 허무주의자가 아니다. 그는 진실 자체를 의문시하지 않는다. 그가 더 단호하게 거짓말할수록, 진실이 더 많이 입증된다.

가짜뉴스는 거짓말이 아니다. 가짜뉴스는 사실성 자체를 공격한다. 가짜뉴스는 실재를 탈사실화한다. 도널드 트럼프가 자기 형편에 맞게 모든 것을 거침없이 주장할 때, 그는 의식적으로 사정을 왜곡하는 고전적 거짓말쟁이가 아니다. 오히려 그는 진실에 아랑곳하지 않는다. 사실맹이자 실재맹인 사람은 거짓말쟁이보다 진실을 더 크게 위협한다. 미국 철학자 해리 프랭크퍼트라면 오늘날의 트럼프를 "개소리쟁이Bullschitter"라고 부를 법하다. 개소리쟁이는 진실에 반항하지 않는다. 오히려 그는 진실에 전혀 아랑곳하지 않는다. 그러나 오늘날 이토록 많은 개소리가 존재하는 이유에 대한 프랭크퍼트의 설명은 불충분하다. "사람들이 전혀 이해하지 못하는 것들에 대하여 발언하도록 강제당하는 상황에서는 언제나 개소리가 불가피하다. 요컨대 사람이 어떤 주제에 대하여 발언하는 상황에 처하거나 심지어 발언해야 하는데, 그 주제와 유관한 사실들에 대한 그의 지식 수준이 그 주제에 못 미칠 때, 개소리가 유발된다. […] 민주주의에서 시민은 생각해볼 수 있는 모든 주제에 대하여, 또는 최소한 공적인 사안들을 위해 중요한 모든 질문에 대하여 의견을 제시할 의무가 있다는 널리 퍼진 확신도 같은 방향의 효과를 낸다."[50] 개소리가 사실에 대한 불충분한 지식 탓에 발생한다면, 트럼프는 개소리쟁이가 아니다. 해리 프랭크퍼트는 오늘날 도래한 진실의 위기를 알아채지 못하는 모양이다. 그 위기를 지식과 사실들 사이의 어긋남 탓으로, 또는 실재에 대한 앎의 부족 탓으로 돌릴 수는 없다. 진실의 위기는 사실들에 대한 믿음 자체를 뒤흔든다. 의견들은 심하게 엇갈릴 수 있다. 그러나 "의견들이 관련 맺는 사실관계의 진실성을 존중하는 한에서 의견들은 정당하다."[51] 반면에 의견의 자유(언론의 자유)가 사실관계 및 진실과의 관련을 깡그리 상실할 때, 의견의 자유는 코미디로 전락한다.

진실의 침식은 트럼프의 가짜뉴스 정치보다 훨씬 더

먼저 시작되었다. 2005년에 〈뉴욕 타임스〉는 신조어 **진실스러움**truthiness을 시대정신을 포착한 단어 중 하나로 선정했다. 진실스러움은 진실의 위기를 반영한다. 이 단어가 말하려는 바는 객관성을, 사실적인 것의 확고함을 완전히 결여한, 느껴진 진실이다. 느껴진 진실의 본질인 주관적 자의恣意는 진실을 제거한다. 진실스러움에서 표출되는 것은 세계를 대하는 허무주의적 태도다. 진실스러움은 디지털화에 따른 병적 현상이다. 이 현상은 책 문화에 어울리지 않는다. 다름 아니라 디지털성Digitalität이 사실적인 것을 침식한다. **진실스러움**이라는 단어를 유행시킨 텔레비전 진행자 스티븐 콜베어는 이렇게 말한 바 있다. "나는 책을 신뢰하지 않아요. 책은 온통 사실일 뿐, 심장이 없으니까요." 그렇다면 트럼프는 **심장의 대통령**, 지성을 거의 사용하지 않는 대통령일 것이다. 심장은 민주주의의 기관이 아니다. 감정과 흥분이 정치적 담론을 지배할 경우, 민주주의 자체가 위험에 빠진다.

저서 《전체주의의 기원》(독일어 원제의 직역은 '전체주의적 지배의 요소들과 기원들'—옮긴이)에서 한나 아렌트는 히틀러에 관하여 이렇게 언급한다. "히틀러는 거짓말이란 오직 엄청날 때만 성공할 수 있다는 점을 무수한 예를 통해 널리 깨우쳤다. 거짓말이 엄청나다 함은, 거짓말이 온전히 놔둔 사실성 맥락 내부의 개별 사실들을 부인하는 것에—이 경우에는 온전한 사실성이 항상 거짓말을 들춰낼 테지만—그치지 않고 사실성 전체를 거짓되게 해석하여 모든 낱낱의 거짓된 사실들이 정합성 있는 맥락을 이뤄 실재 세계를 대체하는 허구적 세계를 건설한다는 뜻이다."[52] 아렌트에 따르면, 히틀러는 평범한 거짓말쟁이가 아니다. 그는 **엄청나고 총체적인** 거짓말들로 새로운 실재를 만들어내는 능력이 있다. 새로운 실재를 꾸며내는 사람은 평범한 의미의 거짓말을 하는 것이 아니다.

그러나 이데올로기와 실재 사이의 관계는 아렌트의 생각보다 훨씬 더 복잡하다. 이데올로기는 진실로 가장한다. 실제로 히틀러도 단호히 진실을 신봉한다. 판결하는 법정으로서의 진실은 포기되지 않는다. 히틀러는 자신의 인종주의 이데올로기를 다름 아니라 진실의 이름으로 퍼뜨린다. 그는 자신의 선전이 늘 진실의 빛을 띠고 나타나게 한다. 길거리에 빤히 놓여 있고 바로 그렇기 때문에 평범한 세계가 보지 못하거나 적어도 알아채지 못하는 진실들이 있다고 히틀러는 쓴다. 평범한 세계는 맹인처럼 그 진실들을 지나치고, 갑자기 누군가가 다들 알아야

할 무언가를 발견하면 소스라치게 놀란다. 진실은 히틀러가 자서전《나의 투쟁》에서 아주 많이 사용하는 개념 중 하나다. "더 높은 진실의 수호자"[53]나 "근원적이며 영원한 진실"[54]이 언급된다. 히틀러는 "거짓과 비방을 옹호하는 자들"[55]로부터 거리를 두고 진실을 알리는 자로서 등장한다. 그는 바로 유대인을 "거짓말 예술가"라며 헐뜯는다. 총체적 거짓말Totallüge을 한다며 유대인을 꾸짖는다. 유대인의 현존은 "단 하나의 커다란 거짓말"[56]을 토대로 삼는다고 히틀러는 쓴다.

오웰의 전체주의적 감시국가에서도 진실은 법정으로서 여전히 존속한다. 그 국가는 진실인 척하는 엄청난 거짓말을 토대로 삼는다. 주인공 윈스턴 스미스는 이렇게 말한다. "당이 강요한 거짓말을 다른 모든 사람이 받아들였을 때—모든 보고가 똑같아졌을 때—거짓말이 역사에 진입하고 진실이 되었지."[57] 당은 거짓말을 하지만, 그 거짓말의 엄청남이 그 거짓말을 진실로 둔갑하게 한다. 당은 계속해서 진실의 법정을 사용한다. 그리하여 "진실부ministry of truth"는 오웰의 디스토피아에서 핵심 역할을 한다. 진실부 청사는 거대한 피라미드 양식이며 하얀색으로 어슴푸레 빛나는 콘크리트 건물이다. 계단의 형태를 띤 그 건물은 높이가 300미터에 달한다. 그 건물이 도시 위에 군림한다. 건물 안에는 3천 개의 방이 있다. 진실부는 언론, 여가, 교육, 예술을 담당한다. 그 관청은 주민에게 신문, 영화, 음악, 연극, 책을 공급한다. 범죄 기사와 스포츠 기사가 거의 전부인 질 낮은 신문들과 잘 팔리는 싸구려 소설들, 감정 과잉의 유행가들이 생산된다. 그것들은 주민들의 독자적인 생각을 저지해야 한다. 진실부 산하의 한 부서 전체는 포르노를 대량생산하는 임무를 수행한다. 포르노가 지배 수단으로 동원된다. 포르노나 게임에 중독된 사람은 지배에 맞서 들고일어나지 않기 때문이다.

진실부의 핵심 기능은 진실들을 없애는 것이다. 사실들에서 유래한 사실성은 무효가 된다. 과거는 끊임없이 현재에 맞춰짐으로써 파괴된다. 자료보관소에 소장된 문서 전체가 계속 수정되면서 당의 현재 노선에 맞춰진다. 그렇게 모든 현존하는 기록이 당이 옳다고 인정한다. 진실부는 총체적 거짓말을 완성된 형태로 실행한다. 진실부는 단순히 개별 **가짜뉴스**를 퍼뜨리지 않는다. 오히려 진실부는 어떤 비용을 치르더라도 허구적 실재를 고수한다. 사실들은 실재를 정당화하는 당의 이야기에 들어맞을 때까지 왜곡되고 거짓되게 해석된다.

진실부에서 윈스턴이 수행하는 업무는 위조다. 그는 당에 불리한 과거 사실들을 꾸며낸 사실들로 교체한다. 한 신문 기사를 고쳐 쓰면서 오길비Ogilvy라는 허구의 인물을 지어낸 윈스턴은 이렇게 혼잣말한다. "오길비 동지는 현재에 실존했던 적이 없지만 이제 과거에 실존했고, 언젠가 이 위조 과정이 잊히고 나면, 카를 대제나 율리우스 카이사르에 못지않게 진짜이며 입증 가능한 방식으로 실존할 것이다."[58]

보편적 사기, 총체적 거짓말은 언어에도 침투한다. 새로운 언어 "뉴스피크Newspeak"가 발명된다. 뉴스피크는 총체적 거짓말을 단단히 굳힌다. 어휘는 대폭 줄어들고, 언어적 뉘앙스는 제거된다. 섬세한 생각을 막기 위해서다. 사람들은 다른 실재를, 당의 세계가 아닌 다른 세계를 생각할 능력을 빼앗긴다. 총체적 거짓말에서는 언어 자체가 왜곡되고 거짓되게 해석된다. 명확한 개념적 구별은 불가능해진다. 그리하여 당의 세 가지 구호가 등장한다. "전쟁은 평화다. 자유는 예속이다. 무지는 힘이다."[59]

트럼프의 가짜뉴스는 새로운 실재를 만들어내는 저 엄청난 거짓말들과 영 딴판이다. 트럼프는 진실이라는 단어를 거의 입에 올리지 않는다. 그는 진실을 내세우면서 거짓말하지 않는다. 그의 대안 사실들alternative facts은 응축하여 하나의 이야기를, 하나의 이데올로기적 이야기를 이루지 않는다. 그 대안 사실들은 서사적 연속성과 정합성이 없다. 트럼프의 가짜뉴스 정치는 **탈이데올로기화된 정보체제**에서 비로소 가능하다.

한나 아렌트는, 진실은 상처 입기 쉽지만 "완고하다"고, 진실은 "특이한 끈질김"을 지녔으며 그 끈질김은 "모든 인간 행위의 결과가—인간이 제작한 생산물과 달리—그렇듯이, 진실은 되돌릴 수 없다는 점과 관련이 있다"[60]고 여전히 확신했다. 사실들의 완고함과 끈질김은 이제 과거의 일이다.

디지털 질서는 **제작가능성**을 전체화함으로써 일반적으로 사실적인 것의 굳건함을, 바꿔 말해 **존재의 굳건함**을 제거한다. 총체적 제작가능성 안에서는 되돌릴 수 없는 것이 없다. 디지털화된, 곧 정보화된 세계는 전혀 완고하고 끈질기지 않다. 오히려 그 세계는 아무렇게나 성형하고 조작할 수 있다. **디지털성은 사실성과 정반대다.** 디지털화는 사실들에 대한 의식을, 결국 실재 의식을 약화한다. **총체적 제작가능성**은 디지털 사진의 본질이기도 하다. 아날로그 사진은 보는 사람에게 **존재하는** 것의 **존재**를 증명한다. 아날로그 사진은 "이러이러했다"의 사실성을 증언한다.[61] 아날로그 사진은 **무엇이 실제로 존재하는지** 우리에게 보여준다. '이러이러했다' 혹은 '이러이러하게 존재한다'가 **사진의 진실**이다. 디지털 사진은 **진실로서의 사실성**을 파괴한다. 디지털 사진은 지시 대상으로서의 실재를 제거함으로써 **존재하지 않는** 새로운 실재를 **제작한다**.

정보는 독자적으로 세계를 환히 밝히지 못한다. 임계점을 넘어서면 정보는 오히려 세계를 어둡게 만든다. 우리는 기본적으로 의심을 품고 정보를 마주한다. **다를 수**도 있다는 의심 말이다. **근본적인 불신**이 정보에 따라붙는다. 우리가 다양한 정보를 더 많이 접할수록, 그 불신이 더 강해진다. 정보사회에서 우리는 근본적인 신뢰를 상실한다. 정보사회는 **불신 사회**다.

정보사회는 우연 경험을 강화한다. 정보에는 **존재의 굳건함**이 없다. "정보의 우주론은 존재의 우주론이 아니라 우연의 우주론이다."[62] 정보는 두 얼굴을 가진 개념이다. 정보는 양면적이다. 과거에 신성한 것이 그랬듯이, 정보는 "은총이 가득한 측면과 섬뜩한 측면을" 지녔다. 정보는 "역설적 소통"을 유발한다. 왜냐하면 정보는 "확실성과 불확실성을 재생산하기" 때문이다. 정보는 **구조적인 근본양면성**strukturelle Grundambivalenz을 낳는다. 루만은 이렇게 지적한다. "양면성의 기본 패턴은 매 순간 새로운 형태를 띠지만 양면성은 동일하게 유지된다. 어쩌면 이것이 사람들이 '정보사회'를 언급할 때 말하려는 바일까?"[63]

정보는 **가산**加算**적이고 누적적**이다. 반면에 진실은 **서사적이고 독점적**이다. 정보 더미나 정보 쓰레기는 존재한다. 반면에 진실은 더미Haufen를 이루지 않는다. 진실은 **흔하지**häufig 않다. 여러모로 진실은 정보와 대립한다. 진실은 우연과 양면성을 제거한다. 이야기로 상승한 진실은 뜻Sinn과 방향 설정을 창출한다. 반면에 정보사회는 뜻이 텅 비어 있다. 오직 **공허**만이 **투명하다**. 오늘날 우리는 **정보를 잘 갖췄지만** 방향 설정이 없다. 정보는 방향 설정력이 없다. 아무리 열심히 팩트체크를 하더라도 진실을 제작할 수는 없다. 왜냐하면 진실은 정보의 옳음 혹은 맞음 그 이상이기 때문이다. 다음과 같은 성경구절에서 보듯이, 진실은 결국 **약속**이다. "나는 길이요 진실이요 생명이다."[64]('진리요'가 표준 번역이지만 여기에서는 이 책의 문맥을 고려하여 '진실이요'로 옮겼다 — 옮긴이)

심지어 하버마스가 말하는 담론적 진실도 목적론적 차원을 지녔다. 그 진실은 "말해진 바에 관한 이성적 합의에 도달할 것이라는 약속"[65]이다. "논증의 발걸음"[66]으로서 담론은 주장들의 진실 함량을 판정하는 기준이다. 주장들의 타당성 요구가 담론적으로 수용될 수 있는지 여부에 따라 진실 아이디어가 측정된다. 바꿔 말해, 주장들은 가능한 반대주장들을 이겨내고 모든 잠재적 담론 참여자의 찬성을 얻어야 한다. 이해와 합의로서의 담론적 진실은 사회적 결속을 북돋는다. 그 진실은 우연과 양면성을 제거함으로써 사회를 안정화한다.

진실의 위기는 항상 사회의 위기다. 진실이 없으면 사회는 **내적으로** 파열한다. 그러면 사회는 오로지 외적이며 도구적이며 경제적인 관계들을 통해서만 뭉치게 된다. 예컨대 오늘날 어디에서나 실행되는 상호 가치 평가는 인간적 관계를 총체적 상업화에 예속시킴으로써 파괴한다. 모든 인간적 가치는 오늘날 경제화되고 상업화된다.

사회와 문화조차도 상품의 형태를 띤다. 상품Ware이 진실das Wahre을 대체한다.

정보나 데이터는 독자적으로 세계를 **환히 밝히지** 못한다. 이것들의 본질은 투명성이다. **밝음과 어두움**은 정보의 속성이 아니다. 밝음과 어두움은 **선과 악**, 또는 **진실과 거짓**처럼 **서사적** 공간 안에서 발생한다. 강한 의미의 진실은 이야기의 성격을 띤다. 따라서 탈서사화된 정보사회에서 진실은 근본적으로 의미를 상실한다.

포스트모던이 선도하는 장대한 이야기grand narrative(거대서사)의 종말은 정보사회에서 완성된다. **이야기는 정보들로 파열한다.** 정보는 이야기의 맞수다. **빅**데이터는 **장대한** 이야기와 대립한다. 빅데이터는 아무것도 **이야기하지** 않는다. 디지털은 프랑스어로 'numérique'('수적인numerisch'이란 뜻도 있음—옮긴이)이다. 수적인 것과 서사적인 것, 셀 수 있는 것과 이야기할 수 있는 것은 근본적으로 상이한 두 질서에 속한다.

음모론은 특히 위기 상황에서 번창한다. 오늘날 우리는 경제적 위기나 감염병 대유행 위기뿐 아니라 **서사의 위**

**기**에도 처해 있다. 이야기는 뜻과 정체성을 창출한다. 따라서 서사의 위기는 뜻의 공허, 정체성 위기, 방향 상실로 이어진다. 이때 음모론이 **미세서사**micronarrative로서 보상을 제공한다. 사람들은 **정체성과 뜻의 자원**으로 음모론을 움켜쥔다. 이런 연유로 음모론은 특히 우파 진영에서 확산된다. 우파 진영은 정체성 욕구가 특히 강하기 때문이다.

음모론은 팩트체크에 대한 저항력을 지녔다. 왜냐하면 음모론은 이야기이기 때문이다. 음모론은 허구임에도 불구하고 실재 지각의 바탕색을 이룬다. 요컨대 음모론은 사실에 관한 이야기다. 음모론에서 허구성은 사실관련성Faktualität으로 둔갑한다. 관건은 실제성Tatsächlichkeit, 곧 진실의 사실성이 아니라 이야기를 믿을 만하게 만드는 서사적 정합성이다. 이야기로서의 음모론 내부에서는 우연이 사라진다. 음모론은 **이야기함으로써** 우연과 복잡성을 **없앤다**. 우연과 복잡성은 특히 위기 상황에서 견디기 어렵다. 감염병 대유행 위기에서 "사건번호"나 "발병률" 같은 순수한 수들은 근본 불안을 고조시킨다. 왜냐하면 순수한 수는 아무것도 **설명해주지** 않기 때문이다. 한낱 **숫자 세기**는 **이야기**를 향한 욕구를 불러일으킨다. 그렇기 때문에 감염병 대유행 위기는 음모론의 온상이다. 음모론은 총체적 설명 혹은 총체적 거짓말로, 견디기 힘든 불안정성과 불확실성을 단번에 제거한다.

민주주의는 새로운 허무주의와 양립할 수 없다. 민주주의는 진실을 말하기를 전제한다. 그러나 인포크라시에서는 진실이 필요 없다. 푸코는 사망하기 얼마 전 마지막 강의에서 "진실을 향할 용기Mut zur Wahrheit"(parrhesia)를 주제로 삼았다. 마치 우리가 **진실을 향할 의지**를 상실하는 진실의 위기가 다가오는 것을 예감하기라도 한 것처럼 말이다. "참된 민주주의"를 이끄는 원리는 두 가지, 곧 **이세고리아**isegoria와 **파레시아**parrhesia다(푸코는 희랍 역사가 폴리비오스를 언급하며 말한다). 이세고리아란 모든 시민에게 부여된, 자유롭게 발언할 권리다. 파레시아, 곧 참되게 말하기는 이세고리아를 전제하지만, 헌법적인 발언권을 넘어선다. 파레시아는 특정한 개인이 "자신이 생각하는 바, 참이라고 여기는 바, 정말로 참이라고 여기는 바를 말하는 것"[67]을 가능케 한다. 요컨대 파레시아는 정치적으로 행위하는 사람들에게, "이성적이고 참된 발언을 사용"[68]함으로써 진실을 말하고 공동체를 돌볼 의무를 부과한다. 온갖 위험을 무릅쓰고 용감하게 발언하는 사람은 파레시아를 실행하는 것이다. 파레시아는 공동체를 실현한다.

파레시아는 민주주의에 본질적이다. 참되게 말하기는 진짜로 정치적인 행위다. 파레시아가 실행되는 한에서 민주주의는 살아 있다. "첫째, 파레시아는 […] 민주주의와 깊은 관련이 있다고 나는 믿습니다. 민주주의와 파레시아 사이에 일종의 순환성이 존재한다고 할 수 있습니다. […] 민주주의가 가능하려면, 파레시아가 있어야 합니다. 하지만 거꾸로 파레시아는 […] 민주주의의 특징적인 면모 중 하나입니다. 파레시아는 민주주의의 본질적인 차원 중 하나입니다."[69] 진실을 향할 용기로서의 파레시아, 곧 "용감한 파레시아"는 **탁월한 정치적 행위**다. 이처럼 참된 민주주의에는 **영웅적 면모**가 내재한다. 참된 민주주의는 온갖 위험을 무릅쓰고 감히 진실을 발언하는 사람들을 필요로 한다. 반면에 이른바 의견의 자유는 이세고리아에만 해당한다. **진실을 향할 자유**가 비로소 진짜 민주주의를 만들어낸다. 진실을 향할 자유가 없으면 민주주의는 인포크라시와 가까워진다.

정치는 권력 놀이Spiel이기도 하다. 희랍어 **뒤나스테이아** dynasteia는 권력 행사를 뜻한다. 정확히 말하면, 뒤나스테이아는 "민주주의에서 권력이 실제로 행사될 때 거치는 놀이"[70]를 뜻한다. 하지만 민주주의에서 뒤나스테이아는 맹목적이지 않다. 민주주의에서 뒤나스테이아는 자기목적Selbstzweck(그 자체로 목적)이 아니다. 권력 놀이는 파레시아의 틀 안에서 이루어져야 한다. 파레시아가 권력 놀이를 한정하고 울타리로 둘러싼다. 권력 놀이가 독립하면 민주주의는 위험에 빠진다. 예컨대 도널드 트럼프는 파레시아와의 관련성을 완전히 상실한 정치 권력의 화신이다. 기회주의자로서 그는 오로지 권력 획득만을 추구한다. 가짜뉴스는 권력 수단으로 동원된다.

오늘날 파레시아는 모든 각자에게 승인된, 아무 말이나 할 자유, 자기 마음에 들거나 자기에게 이로운 말이라면 무엇이든지 할 자유로 변질한다. 사실과의 관련성조차 없는 내용들이 거침없이 주장된다. 플라톤의 민주주의 비판은 바로 이런 형태의 파레시아에 유효하다. 플라톤에 따르면, 민주주의는 결국 "자유와 솔직함(eleutheria와 parrhesia)으로 가득 찬 국가"를 만들어낸다. "알록달록하고 다채로운 국가"를, "모든 각자가 자신의 의견을 선언하고 자신의 고유한 결정을 따르고 자의적으로 행동하는, 통일성 없는 국가"를 낳는다.[71] 오늘날 민주주의가 처한 상태가 바로 그러하다. 아무 말이나 멋대로 주장될 수 있다. 그리하여 사회의 통일성 자체가 위태롭다.

플라톤은 의견의 자의성으로서의 파레시아와 좋은, 용감한 파레시아를 맞세운다. 파레시아 실행자는 포퓰리스트로서 민중에게 아부하려 하는 모든 연설가 및 정치인과 구별된다. 참되게 말하기는 위험성이 없지 않다. 바로 소크라테스가 용감한 파레시아의 화신이다. 그의 연설은 오로지 **진실을 위한 염려**를 향해 있다. 참되게 말하기는 소크라테스가 죽음을 맞기까지 결코 포기하지 않은 임무다. 그 임무는 철학자로서의 그의 실존에 들어맞는다. 소크라테스는 죽음의 위험을 무릅쓰고 참되게 말한다. 푸코는 파레시아 실행자로서의 소크라테스의 역할을 강조한다. "여기에서 우리는, 민주주의에서 정의와 법을 위해 진실을 말하고자 하는 자는 생명이 위태로워짐을 충분히 증명하는 사례를 본다. […] 파레시아가 위험하다는 것은 참이다. 하지만 소크라테스가 이 파레시아의 위험에 뛰어들 용기를 지녔었다는 것도 참이다."[72]

철학은 오늘날 참되게 말하기와, **진실을 위한 염려**와 결별한다. 푸코가 철학을 "일종의 근본적 저널리즘"[73]으로 칭하고 자기 자신을 "저널리스트"로 이해할 때, 그는 철학과 자신에게 참되게 말하기의 임무를 부여하는 것이다. **철학은 참되게 말하기다.** 푸코에 따르면, 철학자는 가차

없이 "오늘"을 다뤄야 한다. 철학자는 **오늘** 일어나는 일에 관하여 파레시아를 실행한다. 헤겔이 시대를 생각 안에 담는 것을 철학의 과제로 볼 때, 그는 자신을 저널리스트로 이해하는 것이다. 진실을 위한 염려로서의 오늘을 위한 염려는 결국 미래를 향한다. "내가 생각하기에 우리는 [철학자들은] 미래를 만드는 자들이다. 미래는 우리가 지금 일어나는 일에 반응하는 방식, 우리가 하나의 운동, 하나의 의심을 진실에 이르도록 이끄는 방식이다."[74] 오늘날의 철학은 진실과의 관련성이 전혀 없다. 오늘날의 철학은 오늘에 등을 돌린다. 그래서 오늘날의 철학은 **미래도 없다**.

플라톤은 **진실체제**의 화신이다. 그의 동굴의 비유에서 한 수인은 동굴 밖으로 인도된다. 그 해방된 자는 바깥에서 **진실의 빛**을 목격하고 동굴 안으로 돌아온다. 수인들에게 참된 실재를 납득시키기 위해서다. 그는 파레시아 실행자로, 철학자로 등장한다. 그러나 수인들은 그에게 믿음을 주지 않으며 그를 죽이려 한다. 동굴의 비유는 이런 말로 마무리된다. "수인들은 자기들을 해방하고 위로 올려보내려 하는 자를 붙잡아 죽일 수만 있다면, 어떻게든 실제로 죽이려 할 것이다."[75]

우리는 오늘날 **디지털 동굴** 안에 갇혔다. 그럼에도 우리는 우리 자신이 자유롭다고 착각한다. 우리는 디지털 화면에 사슬로 매여 있다. 플라톤의 동굴에 갇힌 수인들은 신화적-서사적 그림들에 도취한다. 반면에 디지털 동굴은 우리를 **정보 안에 가둬놓는다. 진실의 빛**은 완전히 꺼졌다. 정보 동굴의 **바깥**은 아예 없다. 강렬한 **정보 도취**가 **존재의 윤곽**을 흐릿하게 만든다. **진실은 아무 소리도 내지 않는다.**

진실은 정보와 전혀 다른 시간성을 지녔다. 정보는 현재성을 띠는 기간이 아주 짧은 반면, 진실의 핵심 특징은 **지속**이다. 그리하여 진실은 삶을 안정화한다. 한나 아렌트는 진실의 실존적 의미를 명시적으로 강조한다. 진실은 우리에게 **멈춤**을 준다. 진실은 "우리가 발 디딘 기반, 우리 위로 펼쳐진 하늘"[76]이다. 땅과 하늘은 땅의 질서에 속하는데, 오늘날 땅의 질서는 디지털 질서로 대체된다. 한나 아렌트는 아직 땅의 질서 안에 거주했다. 아렌트에게 진실은 **존재의 굳건함**을 지니고 있다. 디지털 질서에서 존재의 굳건함은 **정보의 덧없음**에 밀려난다. 우리는 오늘날 아마도 정보로 만족해야 할 것이다. **진실의 시대**는 필시 지나갔다. 정보체제가 진실체제를 몰아낸다.

총체적 거짓말을 기반으로 삼은 전체주의 국가에서 참되게 말하기는 혁명 활동이다. 파레시아 실행자의 핵심 특징은 **진실을 향할 용기**다. 반면에 탈사실적 정보사회에서 진실의 열정은 아무 소용이 없다. 진실의 열정은 정보 소음 속에서 사그라든다. 진실은 파열하여 정보 먼지가 되고, 그 먼지는 디지털 바람에 날려 흩어진다. 진실은 지난날의 짧은 에피소드가 될 것이다.

주

1 Michel Foucault, Überwachen und Strafen. Die Geburt des Gefängnisses, Frankfurt a. M. 1977, 173면.

2 위의 책, 174면 이하.

3 위의 책, 304면.

4 Michel Foucault, Die Geburt der Sozialmedizin, in: Schriften in vier Bänden, 3권, Frankfurt a. M. 2003, 272–297면, 인용문은 275면.

5 Foucault, Überwachen und Strafen, 279면.

6 위의 책, 241면.

7 위의 책, 258면.

8 Vilém Flusser, Dinge und Undinge. Phänomenologische Skizzen, München 1993, 87면.

9 Hannah Arendt, Elemente und Ursprünge totaler Herrschaft, München 2006, 964면.

10 Marshall McLuhan, Wohin steuert die Welt? Massenmedien und Gesellschaftsstruktur, Wien u. a. 1978, 174면.

11 Walter Benjamin, Das Kunstwerk im Zeitalter seiner technischen Reproduzierbarkeit, Frankfurt a. M. 1963, 36면.

12 Christian Linder, Der Bahnhof von Finnentrop. Eine Reise ins Carl Schmitt Land, Berlin 2008, 423면.

13 Jürgen Habermas, Strukturwandel der Öffentlichkeit.

Untersuchungen zu einer Kategorie der bürgerlichen Gesellschaft, Frankfurt a. M. 1990, 13면.

14 Neil Postman, Wir amüsieren uns zu Tode. Urteilsbildung im Zeitalter der Unterhaltungsindustrie, Frankfurt a. M. 1988, 68면.

15 Habermas, Strukturwandel der Öffentlichkeit, 261면.

16 Postman, Wir amüsieren uns zu Tode, 2면.

17 Habermas, Strukturwandel der Öffentlichkeit, 260면.

18 Postman, Wir amüsieren uns zu Tode, 138면 이하.

19 위의 책, 139면.

20 위의 책, 8면.

21 이미 2020년 2월 중순에 세계보건기구WHO 사무총장 테드로스 아드하놈 게블예수스는 이렇게 지적했다. "우리가 맞서 싸우는 상대는 감염병 대유행만이 아니다. 우리는 인포데믹과도 싸우고 있다."

22 니클라스 루만의 1996년 베를린 강연 "Entscheidungen in der "Informationsgesellschaft"("정보사회"에서의 결정들)"에서 인용. www.fen.ch/texte/gast_luh mann_informationsgesellschaft.htm, 2021년 6월 13일 접속.

23 Robert Feustel, Am Anfang war die Information. Digitalisierung als Religion, Berlin 2018, 150면.

24 Luhmann, Entscheidungen in der "Informationsgesellschaft".

25 Pierre Lévy, Die kollektive Intelligenz. Für eine Anthropologie des Cyberspace, Köln 1998, 91면.

26 Hannah Arendt, Wahrheit und Politik, in: Zwischen Vergangenheit und Zukunft. Übungen im politischen Denken I, München 2000, 327–370면, 인용문은 342면.

27 위의 곳.

28 위의 책, 343면.

29 Jürgen Habermas, Vorstudien und Ergänzungen zur Theorie des kommunikativen Handelns, Frankfurt a. M. 1984, 588면, 강조는 인용자의 것.

30 Eli Pariser, Filter Bubble, Wie wir im Internet entmündigt

werden, München 2012, 17면.

31 위의 책, 156면.

32 Jürgen Habermas, Der philosophische Diskurs der Moderne. Zwölf Vorlesungen, Frankfurt a. M. 1985, 348면.

33 Byung-Chul Han, Hyperkulturalität, Kultur und Globalisierung, Berlin 2005 참고.

34 Michael Seemann, Digitaler Tribalismus und Fake News, https://ctrl-verlust.net/DigitalerTribalismus UndFakeNews.pdf, 2021년 6월 13일 접속.

35 Jürgen Habermas, Theorie des kommunikativen Handelns, 1권, Frankfurt a. M. 1988, 27면.

36 Hiroki Azuma, General Will 2.0. Rousseau, Freud, Google, New York 2014, 68면 이하.

37 Jürgen Habermas, Moralischer Universalismus in Zeiten politischer Regression. Jürgen Habermas im Gespräch über die Gegenwart und sein Lebenswerk, in: Leviathan (48권, 1호, 2020), 7-28면, 인용문은 27면.

38 Habermas, Theorie des kommunikativen Handelns, 1권, 38면 이하.

39 Alex Pentland, Social Physics. How Good Ideas Spread—The Lessons from a New Science, New York 2014, 11면.

40 위의 책, 153면.

41 Jean-Jacques Rousseau, Der Gesellschaftsvertrag, H. Denhardt, W. Bahner 역, Leipzig 1981, 61면.

42 위의 곳.

43 B. F. Skinner, Jenseits von Freiheit und Würde, Reinbek 1973, 205면 이하.

44 Alex Pentland, The death of individuality: What really governs your actions?, in: New Scientist, Volume 222 (2014), 30-31면, 인용문은 31면.

45 Pentland, Social Physics, 190면.

46 위의 책, 12면.

47 Shoshana Zuboff, Das Zeitalter des Überwachungskapitalismus, Frankfurt a. M. 2018, 595면.

48 Michel Foucault, Die Ordnung der Dinge. Eine Archäologie der Humanwissenschaften, Frankfurt a. M. 1974, 462면.

49 Friedrich Nietzsche, Nachgelassene Fragmente 1869–1874, Kritische Studienausgabe, G. Colli, M. Montinari 편, Berlin/New York 1980, 7권, 492면.

50 Harry G. Frankfurt, Bullshit, Frankfurt a. M. 2006, 70면 이하.

51 Arendt, Wahrheit und Politik, 339면.

52 Arendt, Elemente und Ursprünge totaler Herrschaft, 909면 이하.

53 Adolf Hitler, Mein Kampf, München 1943, 126면.

54 위의 책, 296면.

55 위의 책, 126면.

56 위의 책, 253면.

57 George Orwell, 1984, Michael Walter 역, Frankfurt a. M. 1984, 39면.

58 위의 책, 52면.

59 위의 책, 9면.

60 Arendt, Wahrheit und Politik, 363면.

61 Roland Barthes, Die helle Kammer, Frankfurt a. M. 1985, 90면.

62 Luhmann, Entscheidungen in der "Informationsgesellschaft".

63 위의 곳.

64 요한복음 14장 6절.

65 Jürgen Habermas, Wahrheitstheorien, in: Vorstudien und Ergänzungen zur Theorie des kommunikativen Handelns, Frankfurt a. M. 1984, 127–182면, 인용문은 137면.

66 위의 책, 136면.

67 Michel Foucault, Die Regierung des Selbst und der anderen. Vorlesungen am Collège de France 1982/83, Frankfurt a. M. 2009, 205면.

68 위의 책, 204면.

69 위의 책, 201면 이하.

70 위의 책, 206면.

71 Michel Foucault, Der Mut zur Wahrheit. Die Regierung des Selbst und der anderen II. Vorlesung am Collège de France 1983/84, Berlin 2010, 58면.

72 위의 책, 109면.

73 Michel Foucault, Schriften in vier Bänden. Dits et Ecrits, II권, 1970–1975, Franktfurt a. M. 2002, 541면.

74 위의 곳.

75 Platon, Politia, 517a.

76 Arendt, Wahrheit und Politik, 370면.